电网企业数据应用最佳实践案例集

Dianwang Qiye Shuju Yingyong Zuijia Shijian Anliji

国网天津市电力公司　编

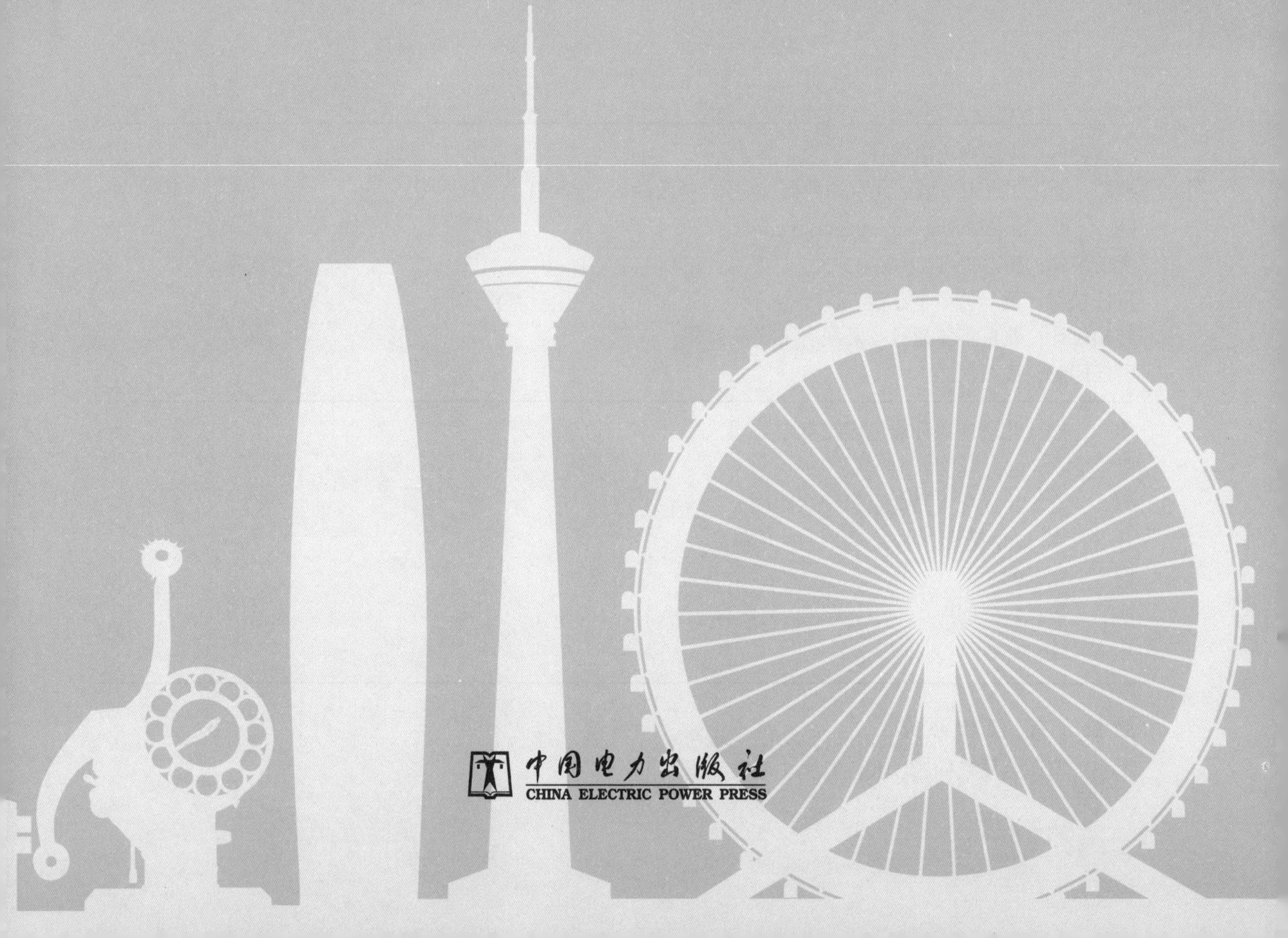

中国电力出版社
CHINA ELECTRIC POWER PRESS

内 容 提 要

本书介绍了国网天津市电力公司在数据创新应用方面的成果经验，共分为四篇21个案例，内容涵盖填报汇总、数据统计等基础应用场景，流程审批、移动应用等进阶应用场景，功能组合、平台开发等高级应用场景，数据挖掘、关联分析等创新应用场景。

本书内容理论联系实际，既可供电网企业相关人员阅读参考，也可以供其他行业相关人员参考。

图书在版编目（CIP）数据

电网企业数据应用最佳实践案例集 / 国网天津市电力公司编．—北京：中国电力出版社，2021.4
 ISBN 978-7-5198-5301-3

Ⅰ.①电… Ⅱ.①国… Ⅲ.①数据处理－应用－电力工业－工业企业管理－研究－中国 Ⅳ.① F426.61-39

中国版本图书馆 CIP 数据核字（2021）第 016320 号

出版发行：中国电力出版社
地　　址：北京市东城区北京站西街19号（邮政编码100005）
网　　址：http://www.cepp.sgcc.com.cn
责任编辑：唐　玲（010-63412722）
责任校对：黄　蓓　李　楠
装帧设计：北京宝蕾元科技发展有限责任公司
责任印制：钱兴根

印　　刷：北京博海升彩色印刷有限公司
版　　次：2021年4月第一版
印　　次：2021年4月北京第一次印刷
开　　本：787毫米×1092毫米 16开本
印　　张：9.75
字　　数：196千字
定　　价：55.00元

版 权 专 有　侵 权 必 究

本书如有印装质量问题，我社营销中心负责退换

编委会

主　编　陈竟成
副主编　杨永成　周　群　王剑锋
成　员　赵宝国　朱　盛　张志刚　冀慧强　单　涛　李　锦　刘玉魁
　　　　岳顺民　杨震涛　肖广宇　高　猛　范　铮　项添春　王　霞

编写组

组　长　王剑锋
成　员　郑　剑　王旭东　刘　宁　牛佳乐　李思岑　王　鹏　王　洋
　　　　张　毅　班　全　张倩宜　杨一帆　沈　宾　唐其筠　韩晓媛
　　　　周明杰　惠小贤　金　尧　郭晓艳　王　斌　王渝鑫　马　剑
　　　　王　冲　赵　熙　梁泽慧　张莉莉　吴　锴　尹喜阳　付连宇
　　　　张海宁　魏羽翀　王　博　董　磊　韩淑军　王丹丹　张璐明
　　　　刘　鹏　王　堃

特别声明

本书旨在介绍电网企业使用数据资产在电力生产及企业经营管理等方面行之有效的实践方法。但是出于信息安全的考虑，为避免信息泄露，书中的数据均已进行变换、修正及调整等脱敏处理。在进行数据脱敏处理时，保留了基本的分析方法，但分析结论可能会与实际出入较大，特别是与社会行业、与社会经济发展相关的分析，可能与实际情况完全相反。因此，不建议直接引用本书的数据和结论，请读者在使用本书时有所甄别和判断。

序

以"数"赋能 腾"云"而上
推动电网企业转型升级

当前,以数字化智能化信息化为核心的第四次工业革命风起云涌、扑面而来,正在深刻改变人类生产生活、重塑世界经济格局。在这一轮革命中,数据正在成为开启美好未来的"金钥匙",全球正大步迈向数字时代。特别是受新冠肺炎疫情影响,以"新基建"等为代表的数字经济新业态蓬勃发展,加速了我国数字化进程。可以说,谁抓住了数字化,谁就抓住了未来。

国有企业作为"大国重器",是构筑数字经济创新发展之基、赢得大国竞争的关键力量,必须在巨大的转型浪潮中率先作为、走在前列。国网天津市电力公司作为国家电网有限公司的子公司,努力争当战略转型的先锋,正加快向具有中国特色国际领先的能源互联网企业迈进。在长期探索实践中,我们体会数字化既是"现在进行时",更是基于"未来时"的提早布局;站在未来看明天,一项重要工作就是加快"三个升级",赋电网以生命、赋企业以智能。一是升级"神经网络",让状态"全感知"。未来是万物智联的时代,需要构建全时、全域、全链、全客户状态精准感知体系,以"全感知"电网服务"零感知"用电。二是升级"智慧大脑",让运营"高智能"。以数据、算法、算力"三驾马车"牵引人工智能发展,加速数据要素向生产力转化，将人的大脑和双手解放出来，探索创造更多的创新"燃点"。三是升级"中枢神经"，让响应"超敏捷"。以数据流贯穿组织物理边界，以透明化运营支撑精准决策，以数字化赋能激发基层活力，实现"脑快手快"、知行合一，构建敏捷组织。

企业数字化转型非一日之功，积跬步方能至千里。近年来，我们在国网系统率先建成基于华为鲲鹏生态的云和数据中台，搭建了公司级数据共享创新应用平台、运营监测平台、人工智能平台，数字化转型走在国网系统前列。在这一过程中，我们欣喜地看到，很多畅想正在成为现实，未来的样子正日渐清晰。比如，发布"电力看经济"等系列能源大数据产品，支撑社会治理更加精准、更具预见性；建成企业级运营监测体系，以数据流贯穿组织物理边界，探索状态全时可视、风险全时可控、价值全时可评的"透明化"管理；以数据赋能供电服务中心，以系统自动取数代替手动抄录，统计效率提升75%，等等。

本书将相关实践案例汇集成册，希望以此抛砖引玉，为国内外同行提供参考借鉴，凝聚更加广泛的发展共识，激荡更多数据应用创新、管理模式变革的经验范式，用我们的"快步走"助推企业数字化的"大步走"。

国网天津市电力公司董事长、党委书记：赵亮

2020年10月著于天津

前 言

数据在人类的社会生活、工作、交流过程中,不断产生并逐步被记录和存储,已成为重要资源,蕴含着各类活动的内在规律。在数字化企业建设过程中,电网企业充分利用大数据实现电力生产、传输、调度、运维、营销和供电服务等全流程效率的提高,实现企业规划、计划、建设、生产等各环节相关的人财物核心资源的优化配置和管理,真正做到"用数据管理企业,用信息驱动业务",实现企业管理科学决策,提质增效。

2019 年以来,国网天津市电力公司(简称国网天津电力)依托数据中台建设成果,深入开展数据创新应用系列活动,推动实施数据共享创新应用三年行动计划(2019 年为基础建设年、2020 年为推广应用年、2021 年为示范引领年),以数据应用"自主取数、自主开发、自主发布"为建设目标,按照"基础平台建设、开发工具部署、研发环境搭建、用数能力培训、人才队伍培养、特色成果输出"六步走的实施路径,建成了企业级数据共享创新应用平台,为各部门和基层单位提供了中台数据应用服务,彻底盘活了公司"沉睡"的数据资源,开发了数据资产的潜在价值,激活了企业内生动力,有力推进了传统业务链条优化和模式重塑,培育了一批应用效果好、推广价值高的特色数创成果,基本形成了一套以数据驱动专业管理升级和基层减负增效的企业数字化转型发展新模式。为进一步总结提炼国网天津电力数据创新应用典型经验和先进做法,传播电网企业大数据理念,展现国网天津电力数字化转型成果成效,营造数据共享共用、数据应用共商共建的良好氛围，国网天津电力组织编写了《电网企业数据应用最佳实践案例集》（简称案例集），提炼汇集了部分单位典型创新做法，供大家参考借鉴。

案例集采取"分篇汇集案例"的形式，介绍一系列数据应用的方向和方法，详述了运检、营销、财务、物资、信通等电网企业核心专业数据应用具体案例，对相似行业业务深入开展数据应用工作具有较好的参考价值。全书分为四个篇章，共计 21 个案例：基础篇涵盖了统计、分析和展示等入门级数据应用案例；进阶篇介绍了填报汇总、流程审批、图表结合和移动应用等方面的进阶数据应用场景；高级篇对集成多维度数据应用形成系统化功能的案例进行了探讨；创新篇展示了国网天津电力在电力大数据和多维精益财务管理两个重点领域所做的数据探索应用工作。

案例中运用的数据分析方法和专业规则均按照研发时实行的规章制度、管理规定和技术要求，在无明确依据的情况下，主要根据现场专业人员建议和数理常识进行设计开发，难免存在不足之处，恳请各位读者不吝指正，以便我们进一步修改完善。

目录

特别声明

序

前言

基础篇

| 案例 1 | 小报表的大战"疫" 3
| 案例 2 | 自主填报、自动统计　助推协议库存报表规范高效 8
| 案例 3 | 供电服务指挥数字化　以客户为中心践行使命责任 13
| 案例 4 | 分析报表如何成为台区经理的数据军师 19
| 案例 5 | 报表建设"因地制宜"　线损治理"寸土必争" 27
| 案例 6 | "一目了然"监指标　"心中有数"控流程 37

进阶篇

| 案例 7 | 管控智汇通——打造"提质增效"数字化管控新模式 45
| 案例 8 | 报表统计事半功倍　数据决策毫厘必争 51
| 案例 9 | "读数用数"找问题　"提质提效"监测实 57
| 案例 10 | 核心指标实时掌握　管理质效再创新高 62

案例 11 内网随身行　移动 PDA 报表应用 67

案例 12 数随我行　通信移动运维报表应用工具 74

高 级 篇

案例 13 数据透明强监管　守信履职践承诺 81

案例 14 以数为马　打造任务管控新系统 88

案例 15 御数有方的"小站模式＋" 95

案例 16 去冗存精　探索信息系统"瘦身健体"新途径 102

创 新 篇

案例 17 智慧共享　无"数"不在——打造多维精益管理数据应用新平台 109

案例 18 看"数"决策　电力指数服务政府经济形势研判 121

案例 19 电力赋能智慧环保　助力打赢蓝天保卫战 127

案例 20 基于电力大数据的住宅空置率应用分析研究 132

案例 21 电力大数据服务中小微企业信贷融资分析研究 137

基础篇

不积跬步，无以至千里

本篇重点展示数据基本应用方法，以在填报汇总、数据统计、图形展示等方面的应用场景。

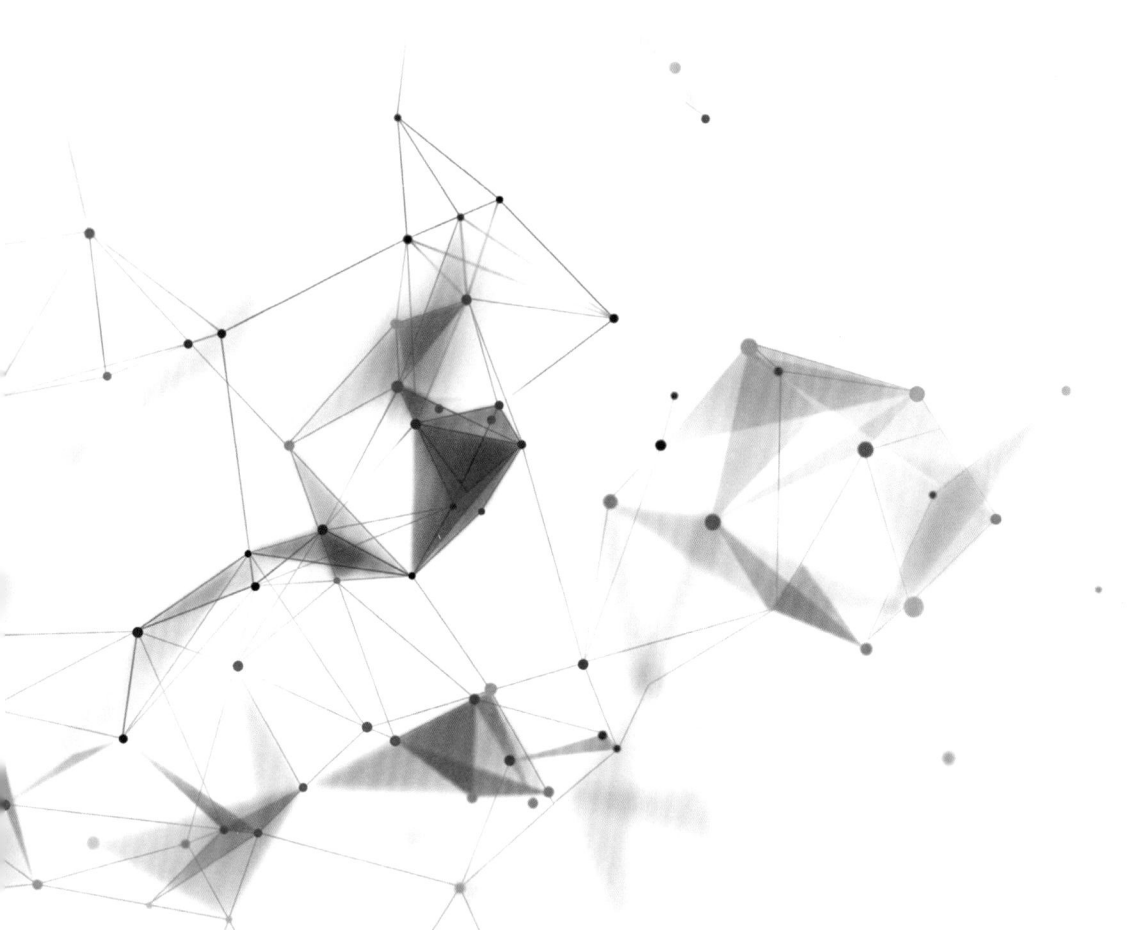

小报表的大战"疫"

1 案例背景

1.1 业务现状

2020年伊始，突如其来的新冠肺炎疫情让我国经济社会经历了一场严峻的考验。国网天津市电力公司（简称国网天津电力）快速启动应急措施，全力做好供电保障和优质服务工作，在确保电网安全稳定运行和重要用户可靠供电的同时，积极开展本单位疫情防控工作，先后出台了一系列行之有效的防控措施。

在抗击疫情的特殊时期，为及时掌握公司防疫物资采购存储基本情况、离津人员情况以及防疫重大事项等信息，公司组织各基层单位每日上报疫情防控相关信息，将统计结果上报公司领导，以便及时调整防疫策略，有针对性地开展防疫工作。随着疫情防控信息上报工作的逐步展开，数据的广度和深度都快速增长，每日线下报送数据、人为统计汇总这种传统信息收集方式的弊端越加凸显。

1.2 业务痛点

1.2.1 上报信息不准确、不及时

防疫相关信息存在统计数据颗粒度不一样且数据量大的特点，虽然各项数据间存在一定关联，但各单位每天重复统计、手工计算的工作量仍然很大，加之疫情期间到岗工作人力有限，数据统计、报送的准确性和及时性更加难以保证。

1.2.2 数据汇总难度大、耗时长

各单位通过邮件方式将数据报送至公司专项统计人员，联系人需对各单位数据准确性核对后进行数据汇总。由于基层单位众多、报送数据量大、报送时间不能完全统一，每天统计汇总工作耗时在3个小时以上，且存在因数据质量不高导致的反复报送问题。

1.2.3 数据可查、可用、可追溯性差

因人员离津/返津数据、防疫物资数据需以日报形式上报公司决策层，专项统计人员

每日需存储各类日报，包括汇总版日报、各单位上报日报以及统计过程日报，存储报表类型多，查阅不便。数据表分散，数据的可追溯性差、纠正难度大，数据完成一次性呈现后很难继续发挥更多资源价值。

2 主要做法

2.1 解决思路

目标： 建立公司防疫信息线上报送统计系列报表

思路： 借助数创平台线上填报、自动统计的功能，设计防疫信息系列报表。对各基层单位开放权限，分布式填报，设定报表填报逻辑，防止错误信息录入；系统自动统计数据，集中式分析，数出一门，保证数据的准确性。同时，为建立公司本部和基层单位两级人员旅居史、防疫物资信息库，满足防疫数据随时查看、重点问题全程溯源的基本需求。防疫信息线上报送系统逻辑图如图1-1所示。

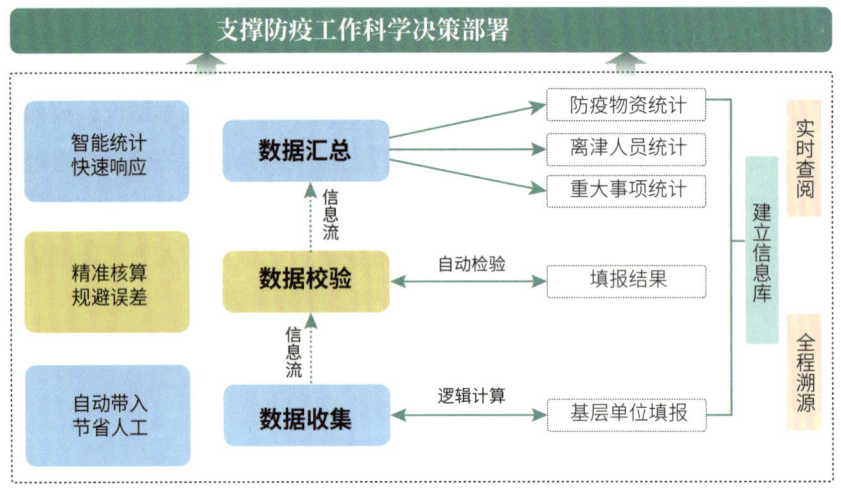

图 1-1　防疫信息线上报送系统逻辑图

2.2 解决过程

为各单位防疫信息报送联络人分配本单位数创平台填报和查询权限，确保可以顺利进行数据线上填报。为公司防疫信息专项统计人员分配全公司数据查询权限，以便检测各单位数据报送情况，并进行数据汇总、导出。

2.2.1 防疫物资统计

针对25类防疫物资，从当日到货量、累积到货量、累计库存量、累计发放量、缺口数量等9个维度，固化数据上报模板，设定各类数据之间、前日与当日上报数据之间的基本逻辑关系，制作线上防疫物资上报模板。同时，将各单位前一日上报数据自动带入当日，仅需维护当日变化数据即可完成数据上报，减少手动填报工作量，最大限度避免人为计算误差。防疫物资基本情况统计表如图1-2所示。

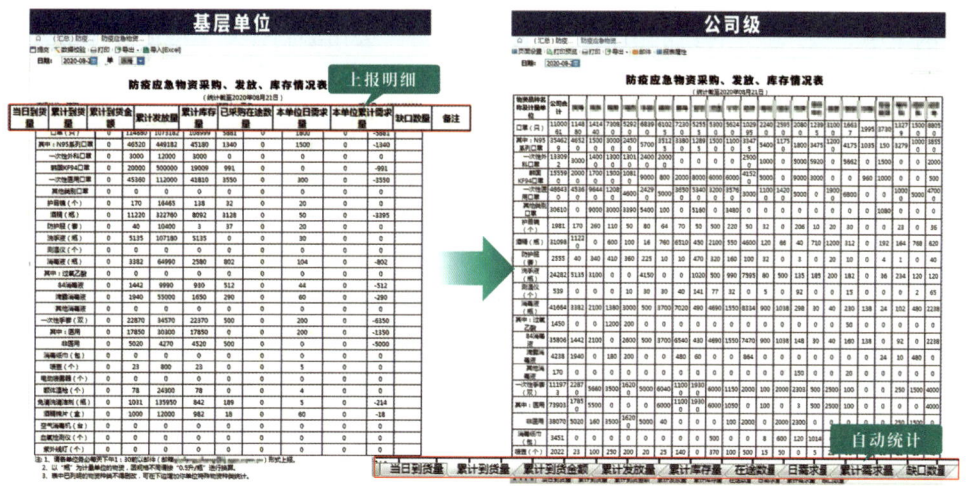

图1-2　防疫物资基本情况统计表

2.2.2 离津人员统计

疫情防控期间，公司需要对员工的近期旅居情况进行统计，特别是曾离津前往湖北疫情高风险地区的人员情况，为此专门设计制作了有湖北旅居史人员信息表和除湖北外旅居史人员信息表，以便统计公司各单位员工离津情况。按照员工返津需居家隔离14天的要求，自动设定报表逻辑，直接计算返津人员出隔离期时间，同时要求每日填报人员身体状态，将疫情防控管理工作做实做细。离津职工情况统计表如图1-3所示。

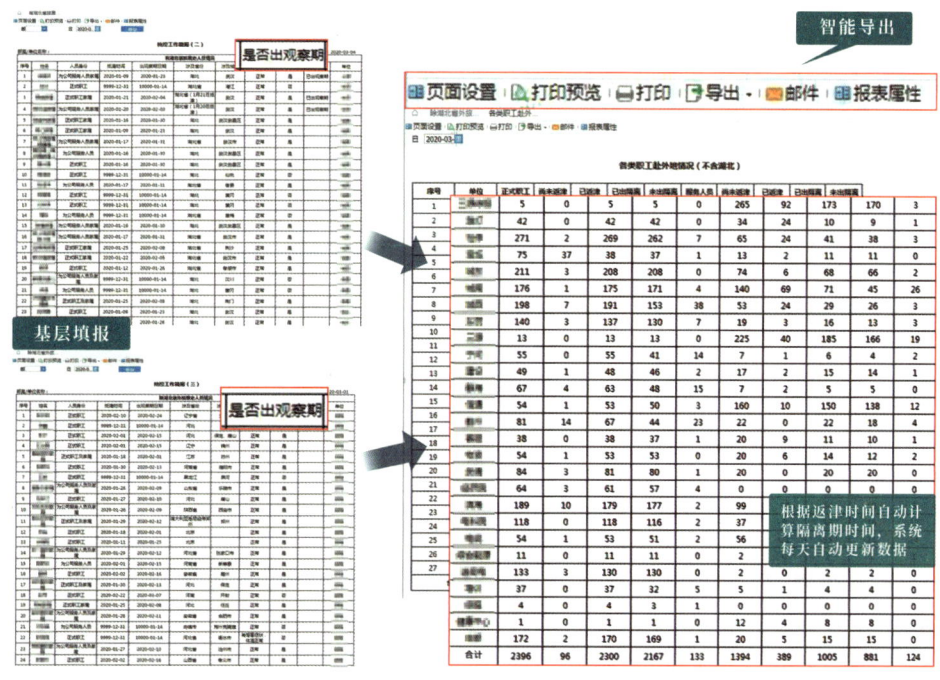

图1-3　离津职工情况统计表

2.2.3 重大事项统计

对发热、干咳等疑似症状人员、涉及密切接触人员的及时上报和持续关注一直是公司疫情防控的重中之重，除了传统的电话紧急汇报方式外，公司编制开发了疫情防控重大事项跟进表，如图 1-4 所示，及时统计行程排查、密切接触等重大事项发生情况并及时向公司领导汇报。重大事项信息统计成为公司制定疫情防控工作策略的重要参考。

图 1-4　重大事项信息统计表

3　价值成效

在疫情防控关键期，通过应用防疫信息线上报送统计系列报表，大大减轻了人工负担，避免了人为统计误差，节省了人力成本，提高了疫情信息收集速度和精准性，助力防疫物资采购合理、储备充足、发放及时，人员排查及时、管控到位、实时跟进，公司未出现新冠疑似和确诊病例。在这场没有硝烟的战争中，"小"报表发挥了"大"作用，助力国网天津电力快速响应、科学防疫、精准施控。

3.1 统计效率大幅提升

与传统手工统计上报信息相比，使用数创平台后，数据汇总统计时间由原来每日的 3 小时缩短至 5 分钟，工作效率提升 90% 以上。

3.2 数据录入精准可靠

通过设定报表各项数据内在逻辑，杜绝各单位错误数据填报，从源头上提升了录入数据的准确率。自使用数创平台以来，实现数据填报"零差错"。

3.3 分析结果科学可溯源

通过编制汇总表形式及逻辑，实现线上自动完成数据汇集分析，同时工作人员可以调阅往期数据台账，进行报表分析总结，研判防疫工作形势。该应用助力精准防疫，坚决筑牢公司疫情防护体系，更好地支撑了公司科学决策。

案例 2

自主填报、自动统计
助推协议库存报表规范高效

1 案例背景

1.1 业务背景

协议库存作为电网物资主要采购组织形式和供应保障策略,在电网企业采购经营管理的过程中占据了重要地位。协议库存是指由需求单位对未来一定时期内物资需求进行预测申报,物资公司相关专责应用统一的物料编码及技术规范,将所需的物资分类汇总,通过招标或其他采购方式确定供应商,并与其签订框架采购协议,待具体物资需求申请产生后,直接按照协议分配供应商。这样可以缩短采购供应周期,为工程建设争取时间,同时可减少需求方自身的库存,节约运营成本。

目前,物资协议库存需求预测业务主要以线下邮件报送为主,涉及多家基层单位、多个部门、多个专业。随着物资集约化管理工作不断深入,协议库存采购在电力物资采购中所占的比例逐年增加,采购范围不断扩大,对协议库存物资的需求预测、计划管理提出了挑战。为了更好地开展物资计划的管理工作,方便业务数据更好地分析利用,提出使用数创平台对线下业务数据进行搜集、整理、汇总,进一步完善协议库存预测数据的分类和处理方式。

1.2 业务痛点

1.2.1 规范标准执行不到位

协议库存预测管理以协议库存采购目录为抓手,明确了采购数据填报范围和标准,不同采购批次的采购目录均有修订和调整。在当前物资协议库存预测报表填报模式下,物资管理人员主要通过公告、邮件、电话等方式进行填报要求的提醒和培训,相应批次的采购目录不能及时共享,采购目录信息多次反复传递,效率较低,各需求单位对要求、规范掌握情况不统一,管理要求难以落实到位。

1.2.2 数据汇总统计耗时长

在实际填报过程中,专业流转链条长、过程繁杂,多层级汇总时间较长。另外报表数据反复修改的情况普遍存在,线下报送手段难以对此管控,容易造成数据迟报、漏报的问题,数据填报时效性、准确性难以保障，也给物资管理部门后续汇总带来较大困难，填报汇总工作至少需要花费三到五天，总耗时较长。

1.2.3 填报数据难以追溯分析

协议库存需求预测的准确率要求不断提高，但由于线下汇总、手工记录的现状，前期数据难免有遗漏、丢失等情况出现，造成了对历史数据追溯的困难，不利于进一步开展数据分析，难以实现管理提升。

2 主要做法

2.1 解决思路

目标： 构建协议库存线上自主填报、自动统计模式。

思路： 通过技术方法提升业务管控能力，保证执行及时准确。借助数创平台设计物资协议库存管理相关报表，实现物资协议库存采购目录的实时共享；将协议库存预测报表模板化，完善字段数据校对关系，规范填报字段、填写内容和数据格式，实现数据填报自主规范；全量存储、实时调用历史数据，实现秒级查询；完善对同一批次各需求单位的协议库存预测数据自动汇总统计，逐步实现协议库存需求数据深度分析。协议库存预测数据填报逻辑图如图 2-1 所示。

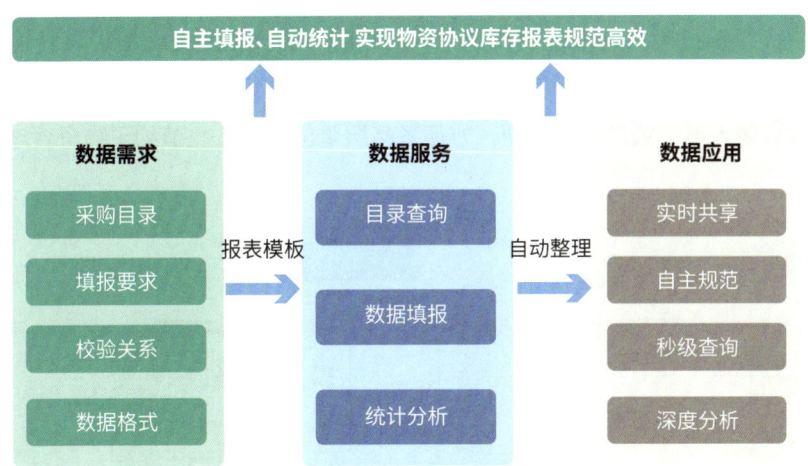

图 2-1 协议库存预测数据填报逻辑图

2.2 解决过程

借助数创平台，设计物资协议库存预测相关分析报表模型，构建物资协议库存自主填报、自动统计管控新模式，针对业务痛点，着力打造目录查询、数据填报、统计分析核心功能。

2.2.1 目录查询——建立主、配网协议库存采购目录，及时共享模板数据

通过主、配网协议库存采购目录报表，物资管理人员可快速查询到不同批次、不同版本号下的物料详细信息，如图 2-2 所示。该功能实现了协议库存采购目录的实时共享、不同维度的快速查询、模板数据的动态更新，需求部门、物资部门可更清晰地掌握协议库存采购的范围，规范了预测填报的基础信息，减少了物资专业汇总工作量，各基层单位协议库存预测填报准确率大幅提高。

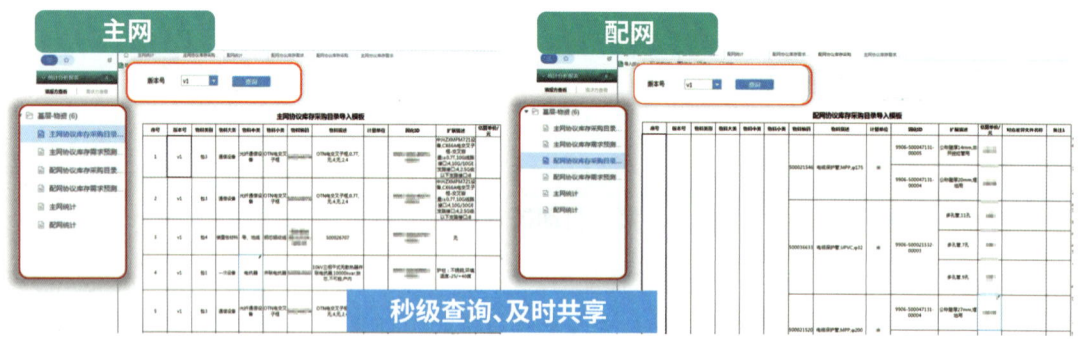

图 2-2　主、配网协议库存采购目录界面

2.2.2 数据填报——设计物资协议库存预测填报报表，大幅提高填报效率

协议库存需求预测计划明细报表集成协议库存采购目录导入功能，需求单位只需输入申报物料的任一项参数，报表可根据已加载的目录生成该物料的其他参数信息，节约了填报时间，并大幅提高了填报内容的准确性和规范性。同时，该预测明细填报报表对输入项设置了规范格式和必填项（如图 2-3 中黄色标记），对需求单位提出更规范、清晰、统一的填报要求，减少了因为信息录入不一致带来的不便，方便各基层单位填报，也节约了物资管理人员汇总统计时间。

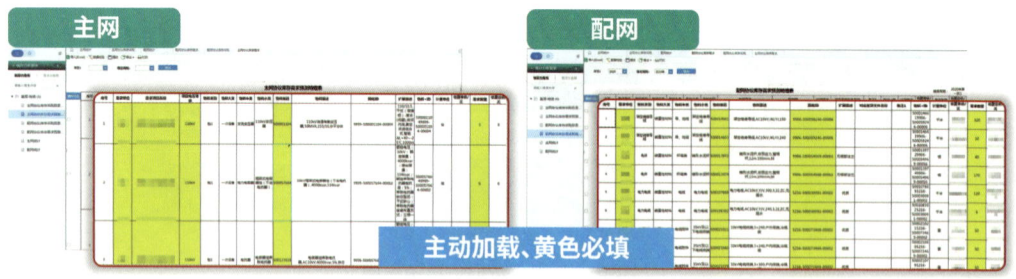

图 2-3　主、配网协议库存填报报表界面

2.2.3 统计分析——构造物资协议库存预测统计报表，全面提升分析能力

物资协议库存分析报表自动将收集的数据进行分类汇总，配网协议库存预测分析模式下实现按物料类别的分类汇总，主网协议库存预测分析模式下实现按物料类别和按项目分别汇总，提高汇总工作效率。另外，管理者可利用该报表查询和导出以往批次的历史数据，便于

数据归档、整理及进一步的对比分析，如图2-4所示。

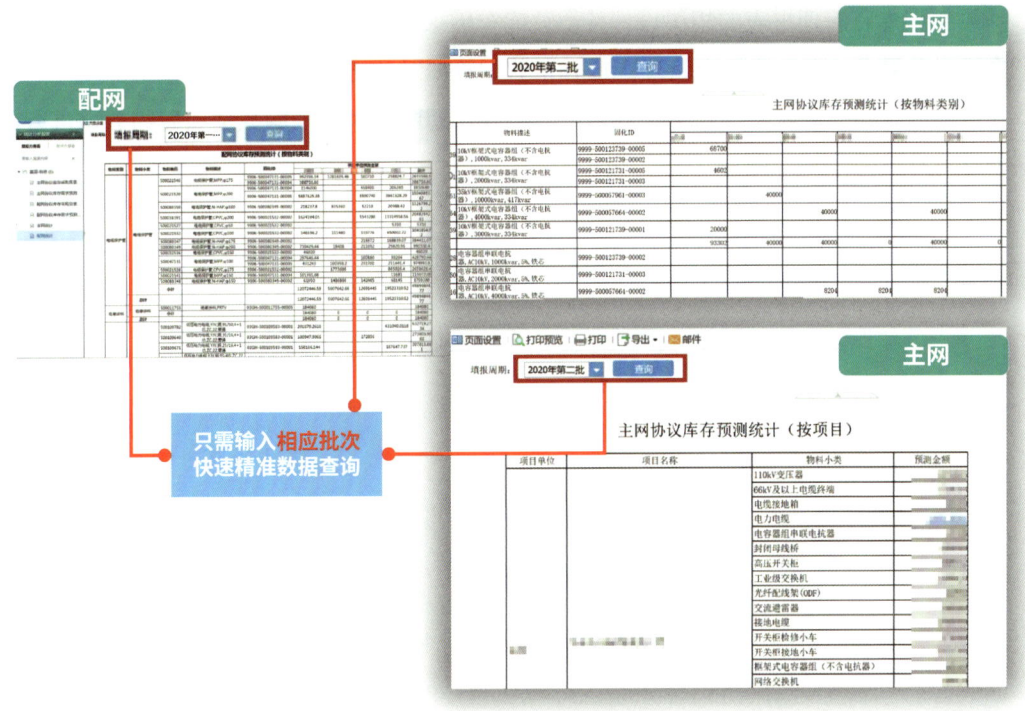

图2-4　主、配网协议库存统计报表界面

3 价值成效

3.1 固化填报要求，提升数据填报质量

以协议库存采购目录作为管理抓手，实时共享给各专业业务人员，确保协议库存填报要求、管理要求落实到人。通过设置物资协议库存预测报表相关字段，限制选填、必填的内容，大幅提升基层填报业务数据的准确性，同时解决了原有工作模式下因数据填报错误出现的业务反复问题，协议库存预测数据填报不再出现漏项、错项情况，填报质量大幅提高。

3.2 优化业务流程，提高数据整理效率

按照要求宣贯、需求收集、汇总统计的主要流程节点，将协议库存需求预测填报管理流程由线下转移至线上，自动校验填报逻辑，优化了协议库存需求预测填报模式，减少了人为处理节点，实现了汇总统计自动化，统计结果更清晰、更准确，数据整理效率和准确率得到大幅提升，管理更加规范高效。

3.3 强化系统应用,丰富数据管理手段

物资协议库存管理报表的相关设计使协议库存需求预测数据的管理手段得到了丰富,实现了协议库存需求预测数据线上管理,提升了数据管理对业务的支撑能力和挖掘深度,为进一步利用中台资源、贯通电子商务平台、企业资源计划协议库存采购数据和履约数据进行大数据分析助力。

供电服务指挥数字化
以客户为中心践行使命责任

1 案例背景

1.1 业务现状

供电服务指挥工作需要及时监控各供电服务中心服务类业务，通过监测统计报表数据穿透业务，让公司决策有数可依。某公司拥有 4 个营配融合型供电服务中心、9 个低压抢修驻点。在服务资源有限的情况下，服务能力存在一定差距，供电服务指挥中心需要通过客观数据及时掌握区域服务需求变化情况，合理调配服务资源，提升公司整体客户服务能力。服务工单作为用电客户与供电公司的重要沟通渠道，每日产生大量直接反映用电客户诉求的电力数据，对工单数据进行统计分析，可以及时预警服务风险，监测服务问题，发现服务盲点。

1.2 业务痛点

1.2.1 管控模式落后

传统的供电服务工作管控粗放，往往关注最终工作结果的达成，忽略了对供电服务的全过程把控，常常偏离"以客户为中心"的服务理念。随着社会用电量与用电客户不断激增，市场对服务水平的要求越来越高，有限的服务资源已经与日益增长的服务需求产生矛盾。传统粗放式管控已经难以适配新的形势，需要通过对工单数据的充分利用，面向用电客户开展主动服务与精准服务，扭转供电服务被动局面。

1.2.2 数据统计效率低

一方面，系统数据整合等工作难度大，日报制作时间长达 50 分钟。由于供电服务指挥工作横跨运检、营销、调度三个专业，各业务系统之间数据难以互相打通，很难从服务指挥角度把控全局数据。数据整合分析只能通过线下的形式展开，缺乏信息化手段支撑，数据分析效率较低，分析及时性也难以满足工作要求。另一方面，由于报表制作方式依赖线下手工制作，且业务统计分析周期与正常工作时间不吻合，为达到高质量的供电服务，"在清晨赶制日报、在周日赶制周报"的加班情况成为非正常的常态，为基层班组增加了较重的工作负担。

1.2.3 信息化建设速度慢

供电服务指挥中心作为成立仅仅两年的专业部门，很多业务都是新型业务，缺乏成熟的信息化系统支撑。传统的信息化建设依赖于外部信息系统建设单位，建设周期长、耗费资金多，统一的功能模块难以快速响应多变的业务内容，本地个性化业务需求得不到全面支撑。

2 主要做法

2.1 解决思路

目标： 构建数据驱动的供电服务指挥新模式

思路： 解决思路架构图如图 3-1 所示。借助数创平台贯通多专业系统的优势，灵活接入配网、客户、调控业务相关数据，设计开发全自动统计报表模板，摆脱低效率线下数据整合束缚，对工单数据进行智能统计分析，通过客观数据及时掌握区域服务需求变化情况，合理调配服务资源，全面支撑供电服务指挥中心客户服务指挥、业务协同指挥、配网运维指挥和服务质量指挥工作。

图 3-1　解决思路架构图

2.2 解决过程

面向供电服务指挥中心各项业务，自主开发应用系列报表，及时预警服务风险、监测服务问题、找到服务盲点，通过整体系统性的分析把控，促进供电服务指挥水平的提升。

2.2.1 预警服务风险——抢修工单业务监控

电力抢修业务量受到季节、临时性故障影响较大，全年抢修业务最大量和最小量甚至可以相差数倍。这对抢修驻点安排、抢修力量分配提出严峻的考验，同时还需要平衡抢修资源投入所带来的经济成本压力，故而无法让每个驻点全年保持最大抢修力量。

通过数创平台设计开发该公司抢修工单（见图3-2）统计日报：一是实现工作减负，缓解每日人工汇总数据的压力，减轻为各个供电服务中心抢修驻点手工拆分工单的工作负担；二是实现自动预警，实现手工统计难以实现的预警功能。依据长期人工统计的经验："抢修工单较上一日增加超30%""当日抢修工单较上月日均抢修工单增加超30%"，设计自动预警功能，实现对该公司抢修工单业务开展情况的监控。

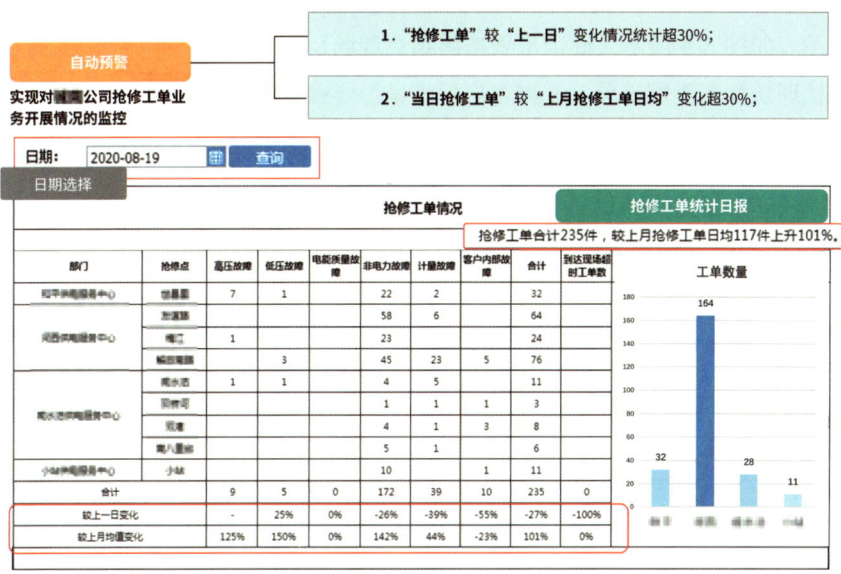

图3-2 抢修工单情况表

在此项报表监测功能上线后，于2020年8月17日至8月20日通过报表发现：连续三天当日抢修工单日业务量超过7月抢修工单日均量117件，触发预警，如图3-3所示。

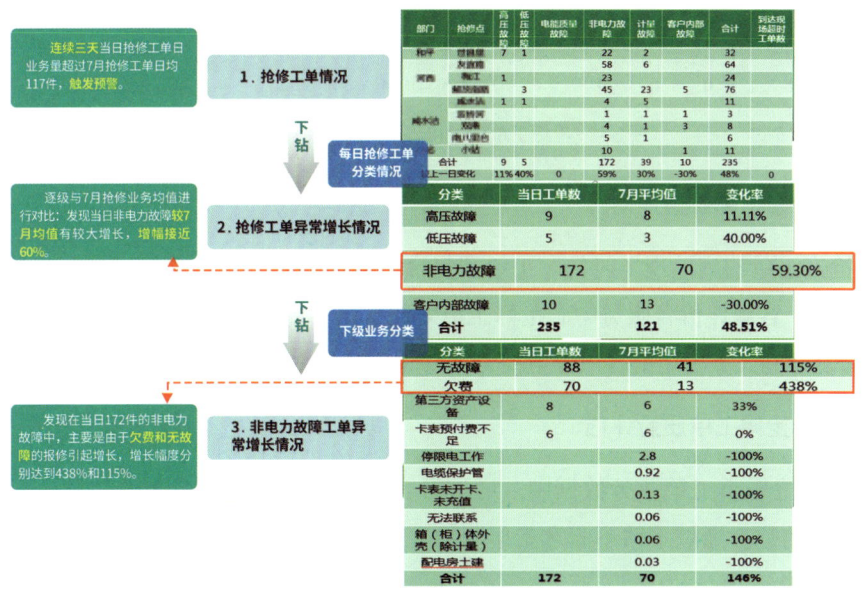

图3-3 触发预警示意图

通过分析发现是由于客户内部原因的工单激增，引发抢修业务量增多。相关结论在当日安全生产日例会上进行了通报，公司已协调相关供电服务中心增派抢修力量并加强安全用电宣传。

2.2.2 监测服务问题——工单服务质量评估

开展工单服务质量评估是对客户服务情况进行监控的重要手段。抢修工单质量和非抢修工单质量监测表如图3-4所示，此项报表按照到达现场及时率、工单退单率、客服满意度等质量评价维度梳理统计各类型工单，掌握客户诉求是否得到及时解决，切实提升优质服务水平。

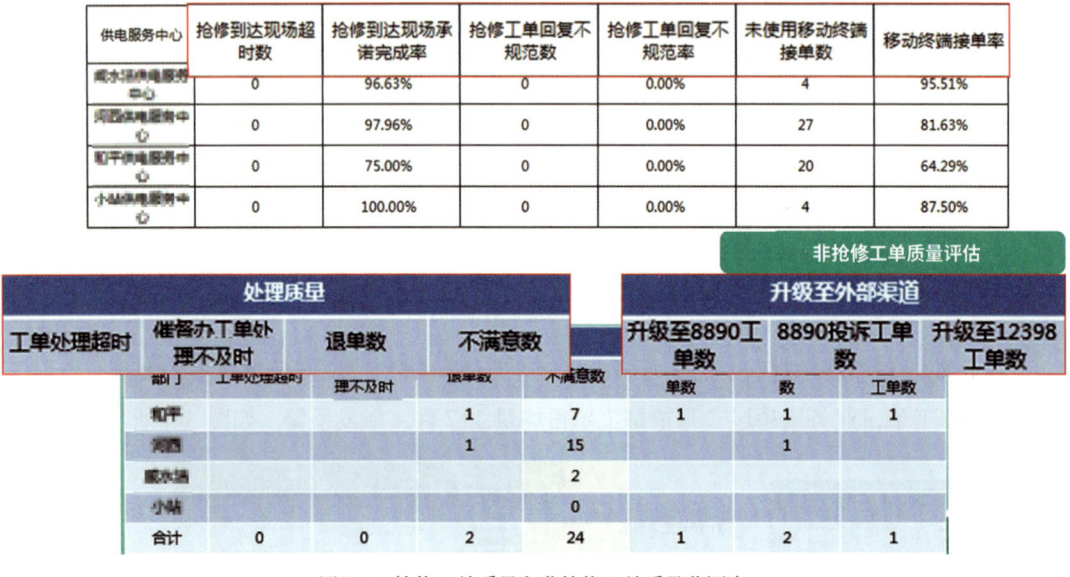

图3-4　抢修工单质量和非抢修工单质量监测表

2.2.2.1 抢修工单质量评估

统计抢修工单的到达现场时间、工单回复合格率和移动终端接单情况，分析抢修工单各环节标准时间，客观评价各服务中心抢修工单处理质量，促进各供电服务中心优化抢修决策，缩短故障修复时间，减少用电客户停电损失。

2.2.2.2 非抢修工单质量评估

从大量非抢修类工单业务数据中，通过报表自动智能剔除大量无效数据，汇总用电客户不满意工单信息。通过下钻不满意工单明细数据，挖掘用电客户不满意工单中隐藏的信息价值。

例如在2020年8月第三周非抢工单不满意情况统计中，客户对催收电费、交费差错、银行代扣、计量人员态度等相关非抢业务的不满意度较高，供电服务指挥中心及时提取相关业务数据，在日、周安全生产例会进行通报，提示各个供电服务中心在处理相关客户业务时注意留存过程资料，以备申诉使用。

2.2.3 找到服务盲点——构建全量停电信息池

频繁停电是导致用电客户投诉的重要原因。依据《国家电网有限公司 95598 客户服务业务管理办法》中关于客户投诉频繁停电的指标要求，只要客户反馈在两个月内出现不少于三次（经过系统核检后）的停电，即以频繁停电投诉进行认定。

为保障配网供电质量，提升用电客户用电体验，避免频繁停电投诉发生，通过报表工具统计调控专业对 10kV 配网运行状态的监测数据以及服务工单中反映出的 400V 低压故障数据，形成全量停电信息池，如图 3-5 所示。运维部门基于停电信息池数据开展设备差异化运维，对多次停电设备加强巡视；检修部门及时调整停电检修计划，有序开展带电检测工作。

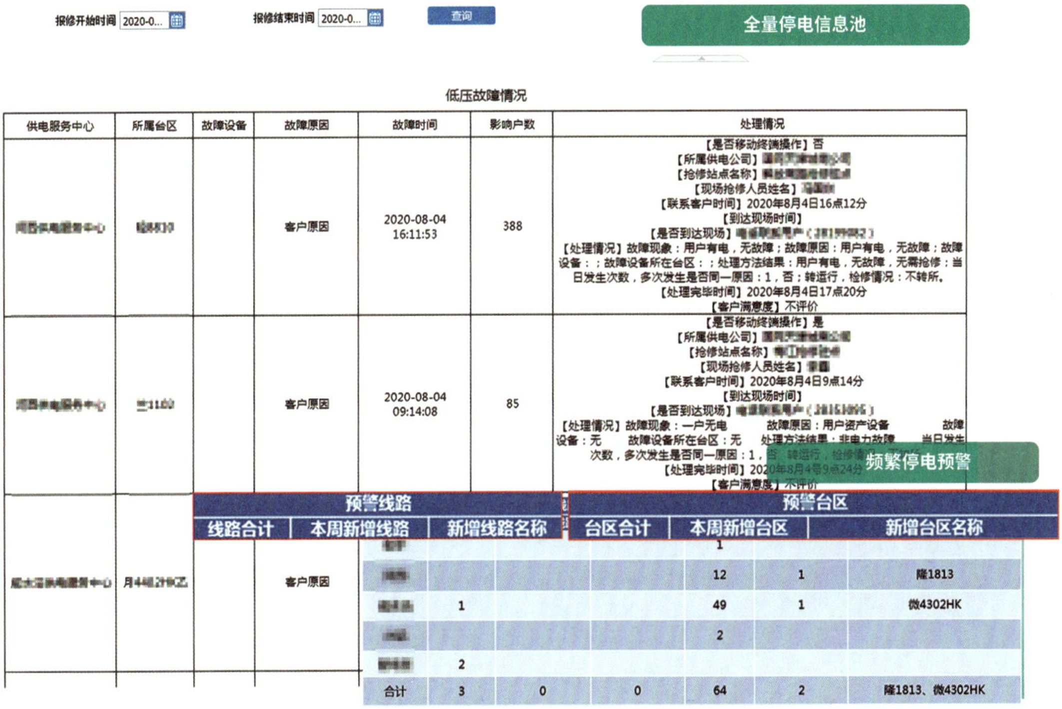

图 3-5　抢修工单质量和非抢修工单质量监测表

3 价值成效

3.1 创新工作模式

通过深入挖掘服务类工单数据，形成客观数据结论，利用数据进行服务指挥决策，实现精益管理。推进服务指挥模式由"结果管理"转向"过程预警"。供电服务指挥水平不断提升，客户普通诉求升级至投诉工单的数量减少 20%。

3.2 提升统计效率

报表制作方式由线下手工制作转变为线上自动生成，基层班组数据统计效率提升 200%。同时解决业务统计分析周期与正常工作时间相悖所导致的在"清晨赶制日报、在周日赶制周报"的加班情况，日报制作时间由 50 分钟减少至 5 分钟，切实为基层减负增效。

3.3 推动数字化应用

供电服务指挥数字化摆脱了对外部信息化系统建设公司的依赖。10 套供电服务指挥报表全部由本部门 4 名员工自主设计开发并发布至数创平台，耗时仅 1 周，形成部门内部报表数据产品共建共用的良好氛围。

分析报表如何成为台区经理的数据军师

1 案例背景

1.1 业务现状

低压台区是指 380V 公用变压器低压供电的区域。线损是电能从发电厂传输到用户过程中，在输电、变电、配电和用电各环节中所产生的电能损耗，除电网元件本身损耗外，采集不通、用电客户窃电、设备故障等都会产生线损。因此，台区的日常运维管理对降低线损、确保供电数据准确等尤为重要。线损率是检验台区管理达标的最重要且直观的指标，线损率过高或为负的台区均为异常台区。

作为部门重点工作之一，异常台区治理是一项复杂的综合性工作。从营销专业角度看，它包含台区线损分析治理、采集运维管理、窃电查处等；从配电专业角度看，包含台区负荷监测、台区设备巡查等。

1.2 业务痛点

1.2.1 传统分析模式效率低

台区的日常管理涉及多个专业，当前各专业数据资源孤立分散，专业壁垒严重，数据应用各自为战，传统的分析方法耗时长、上手难、且分析过程复杂。分析人员需要使用电力营销业务应用系统（SG186 系统）、用电信息采集系统（采集系统）、设备资产运维精益管理系统（PMS 系统）及生产管理系统等多个系统，分批导出台区历史供售电量、零电量用电客户明细、集中器电压电流等多专业数据，再进行线下二次计算分析，包括线损打包合格率、手工抄表电量影响率等复杂计算，才能从海量数据中找出可能导致台区异常的因素，通常分析一个台区至少需要花费 20 分钟，新手需要花费的时间会更长。

1.2.2 基层工作压力大

基层工作长期存在数据源头多、报表重复报送，专业分析耗时等问题。当前某供电服务中心网格化管理正处于探索期，营配业务融合后，对个人专业综合要求大大提高，但员工掌握专业化技能相对单一，完全掌握全业务技术尚需时间过渡。该中心的台区经理平均每人需要负责管理四五十个台区，由于辖区内老旧小区较多、设备及线路繁杂且市区用电客户基数大，造成台区日常管理压力较大。

1.2.3 数字化管理提出新要求

在全球大数据技术快速发展的背景下，数字化转型已成为企业培育和发展核心竞争力的必然选择。当前国家电网有限公司正在全力建设具有中国特色国际领先的能源互联网企业，基层班组更应重视数据应用工作，通过信息化、数字化手段高效运用数据资源，使各专业向数据驱动的精准高效工作模式发展。台区治理工作不仅需要形成一体化的治理体系、共享的治理日志、统一的指标面板，也需要构建台区病灶及时监测、及时发现、及时分析、及时治理、及时反馈的闭环精益化管理流程，让治理工作更加科学、全面、迅捷。所以，寻找并形成一套全新的辅助分析工具来解决当前面临的诸多问题是十分必要的。

2 主要做法

2.1 解决思路

目标： 构建数据化台区综合分析模式。

思路： 借助数创平台贯通不同系统业务数据，设计台区治理相关分析报表，提取所需的多系统数据资源，让整合加工计算后的数据呈现于同一界面，使各专业深度融合、数据秒级响应，节省日常统计分析时间，构建快速、高效、准确的数据化台区综合分析模式。数据化台区综合分析系统框架图如图 4-1 所示。

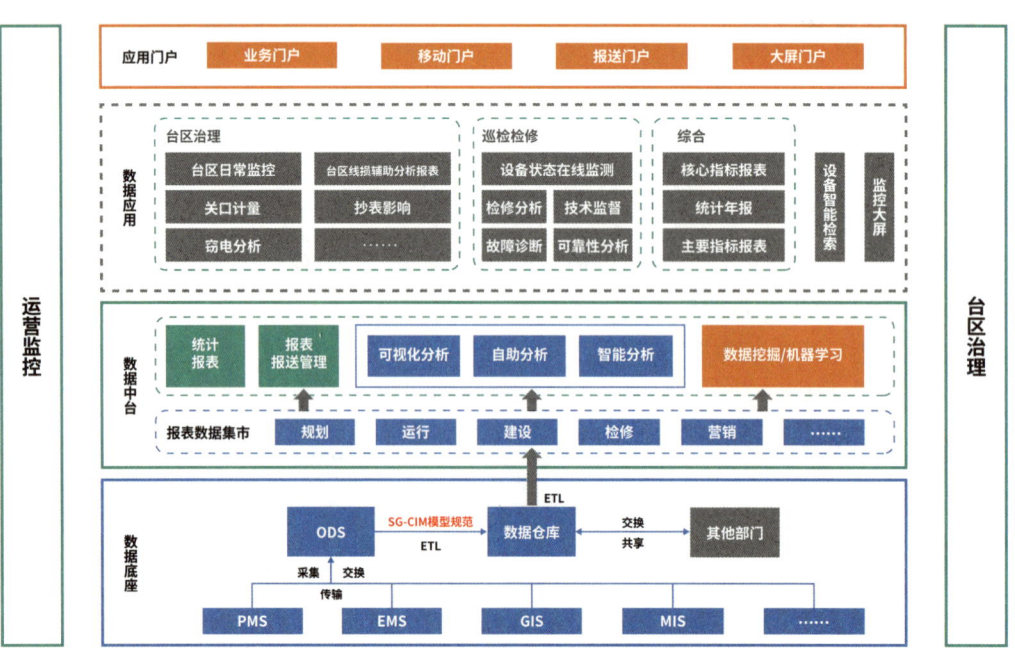

图 4-1　数据化台区综合分析系统框架图

2.2 解决过程

借助数创平台构建出数据化台区综合分析的新模式,其台区综合分析核心流程如图 4-2 所示。

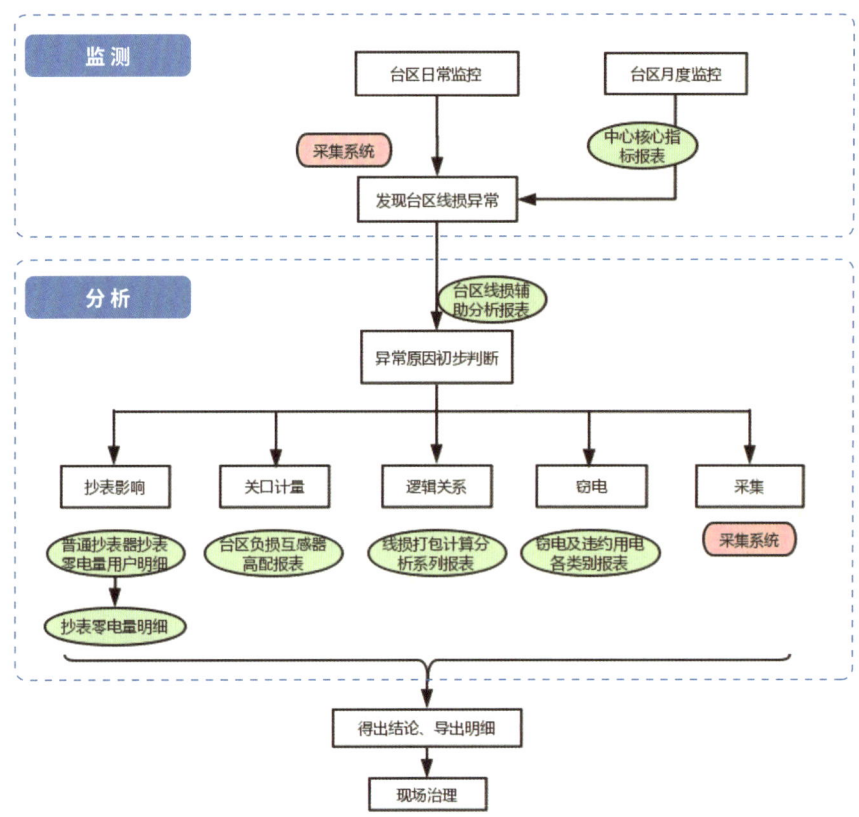

图 4-2　数据化台区综合分析核心流程图

2.2.1 核心指标辅助管理决策

该中心管理者可通过核心指标报表(见图 4-3)快速了解到当前线损、采集、在线监测率等台区相关指标数据情况,亦可通过观察电费回收及稽查增收等指标完成情况间接指导中心台区管理工作。指标的自动统计避免了日常数据逐层上报导致的统计失真,通过下钻可以了解到各片区班当前指标完成情况,管理者可据此将工作要求下发至各片区班组,班长可依据异常台区指标对台区经理指导监督。

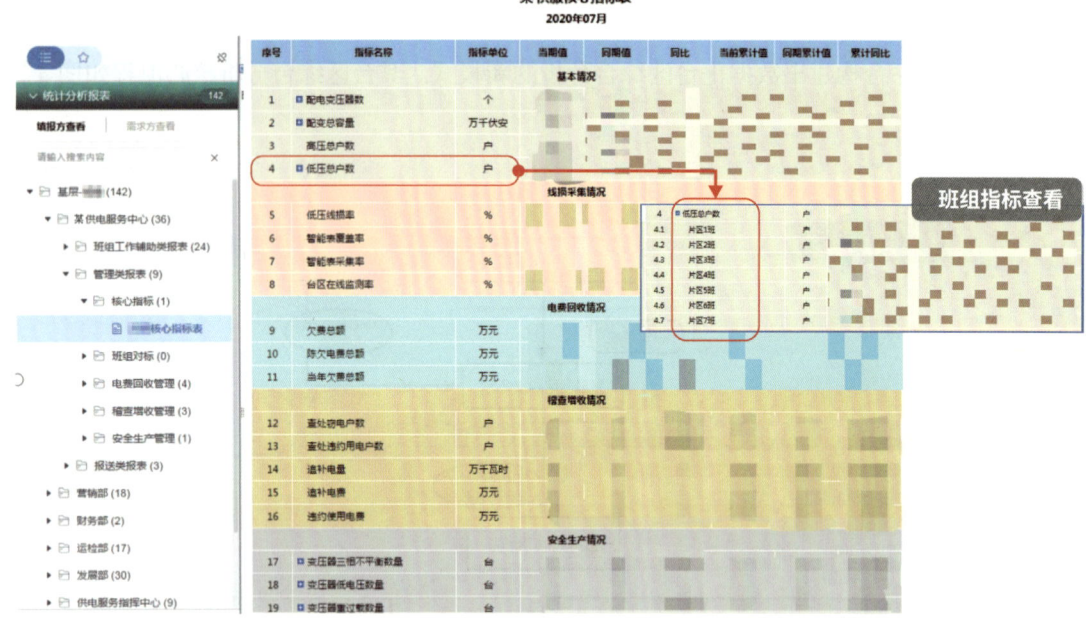

图 4-3 核心指标报表

2.2.2 专业化报表体系全面提升台区综合分析效率

造成台区异常的原因多种多样，包括台区逻辑错误、抄表质量问题及配电设备故障等，因此在海量数据中分析异常原因是一项复杂耗时的工作。台区的线损治理是台区管理的重点内容，由于影响线损的因素涉及专业较多，线损治理不仅是管理上的难题，也是技术上的难题。为台区经理提供辅助分析工具，提升员工日常分析效率，对台区管理和线损指标的提升有着非常重要的现实意义。异常原因分析流程如图 4-4 所示。

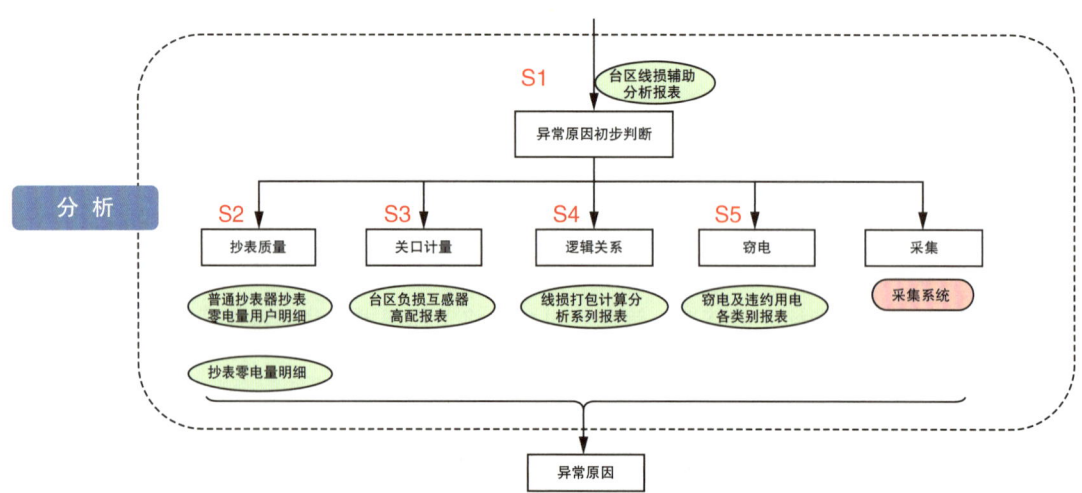

图 4-4 异常原因分析流程图

S1. 异常原因初步判断

通过使用台区线损辅助分析报表（见图4-5），台区经理可以初步分析判断某台区的线损异常原因。该报表可以将台区基本信息、数据变化信息、打包分析模块、零电量信息、人工抄表及采集器电压电流情况等多种系统数据经计算处理后，以图表形式集中呈现于同一界面，分析人员通过浏览各模块便可清晰地捕捉到可能影响线损的因素，同时支持导出可疑表计的明细数据。

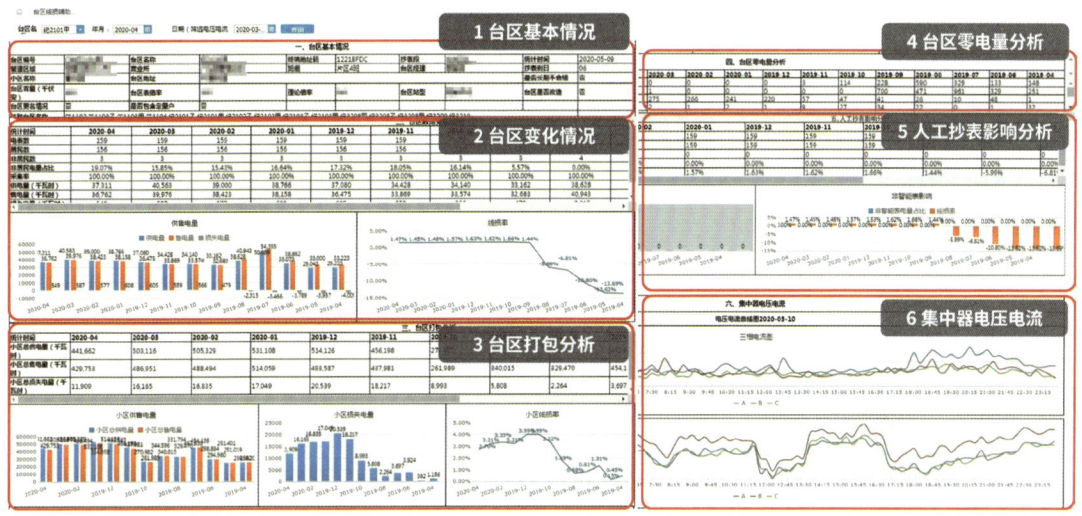

图4-5　台区线损辅助分析报表

S2. 抄表质量影响分析

当前，对于未采集到的电能表数据只能通过台区经理进行现场抄表反馈，台区经理抄表的准确性和及时性对台区线损管理有着较大的影响。通过抄表零电量分析报表（见图4-6），可以看到全部台区的线损率和对应的零电量电能表数，由于三相电能表的用电量一般比单相电能表更大，对线损影响更大，该报表分别显示了220V和380V电能表的零电量户。对于关注的台区，还可以通过报表数据链接跳转至抄表零电量明细，查看零电量电能表的型号、抄表方式、半年抄表电量等，详细分析抄表零电量对线损的影响。此外，普通抄表器抄表零电量用电客户明细报表可汇总中心每月抄表零电量用电客户信息，且可根据不同需求导出查看中心、班组及个人三种不同范围的零电量用电客户数据，便于管理者和台区经理及时掌握月度零电量用电客户信息，避免了从系统中导出并整理筛选的统计工作量。

图 4-6 抄表质零电量分析报表

S3. 关口计量影响分析

台区关口表、接线盒、电流互感器、接线方式和接线正确性均会造成关口计量不准，从而造成台区线损的不合格。当台区所带负荷较小，而互感器变比配置太高时，会造成台区供电量的少计，易造成台区负损。通过对报表逻辑规则的设计，直接生成台区负损互感器高配明细，分析人员可以观察台区综合倍率、理论倍率、各月线损率、采集率和覆盖率等信息，综合判断出可疑互感器倍率影响线损的台区，并进行重点关注，关口计量影响分析报表如图4-7所示。

图 4-7 关口计量影响分析报表

S4. 逻辑关系影响分析

台区逻辑关系问题是影响台区线损的主要因素，台区下任何一个用电客户的户变关系错误，都有可能造成台区线损的不合格，有时甚至一个用电客户的户变关系错误，会造成两个台区线损不合格。分析人员在分析台区线损时，台区逻辑关系核查是首要考虑的问题。台区逻辑关系的分析往往需要对台区所属的小区、开闭站及甲乙台区进行打包分析计算，但由于台区下用电客户很多，导出数据量和统计工作量都很大。通过线损打包计算分析系列报表可以对管辖区域内所有小区、开闭站及甲乙台区进行打包分析，以甲乙台区打包分析为例，该报表可以对独自不合格但甲乙打包后合格的台区进行分析预判并对可疑台区标记，减少分析人员计算及判断时间，加快台区逻辑关系梳理分析速度。台区逻辑关系分析报表如图4-8所示。

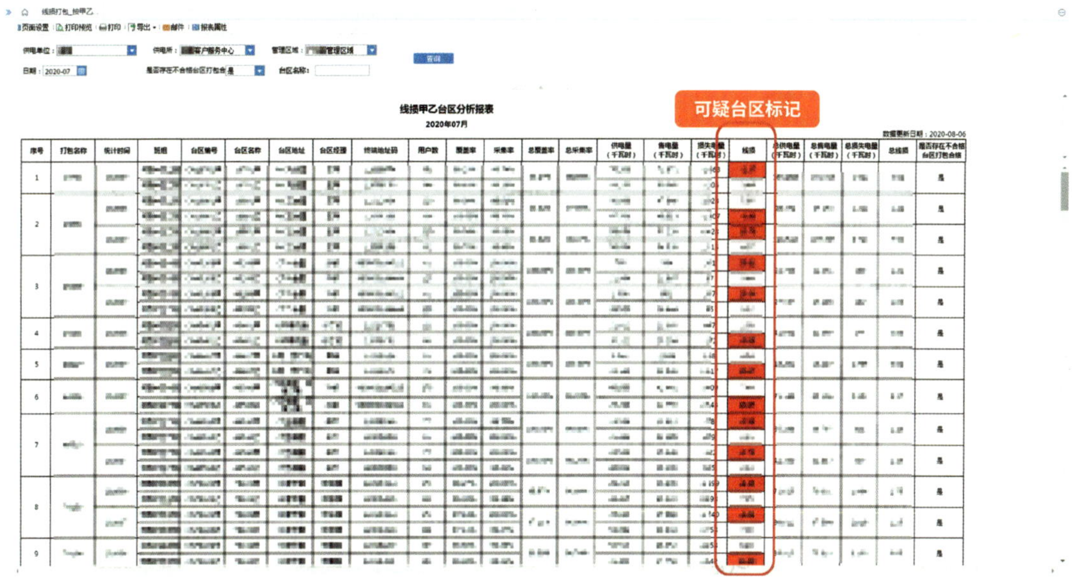

图4-8 台区逻辑关系分析报表

S5. 窃电影响分析

窃电问题是造成台区高线损的主要因素。加强窃电稽查，一方面可以弥补公司营业损失，另一方面可以提高台区线损合格率。窃电及违约用电报表可以对一段时间内所有的窃电违约工作成果进行分类汇总，帮助管理单位省去统计时间，便于下一步工作的开展。此外，如需查看历史窃电工单数据，也可通过该报表跳转至对应明细界面。窃电影响分析报表如图4-9所示。

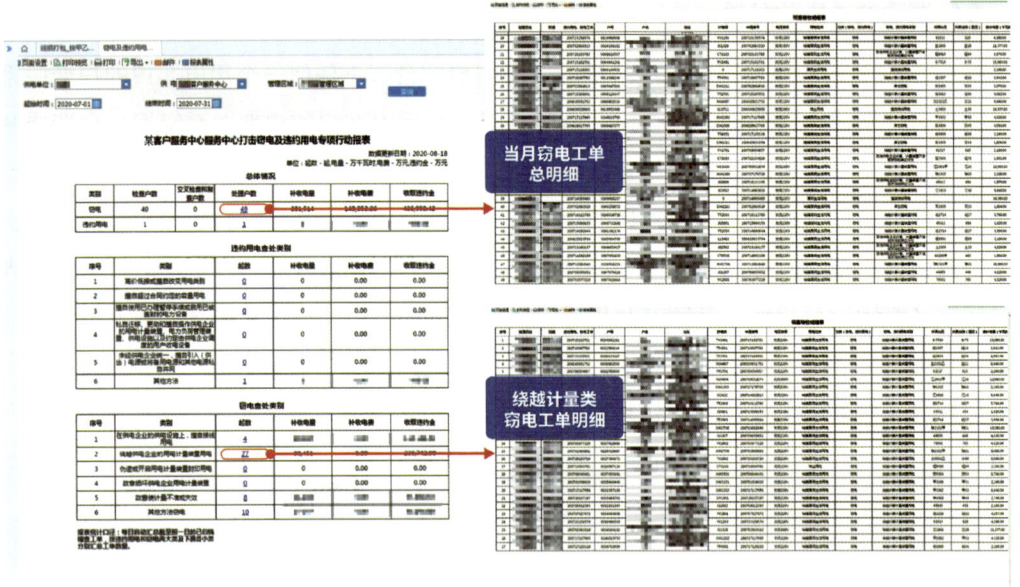

图 4-9 窃电影响分析报表

3 价值成效

"数字化台区综合分析模式"的落地执行对管控质量、分析效率、工作模式等都带来了极大的价值。

3.1 提升分析效率

台区专业分析类报表可以将多分析模块以图表形式集中呈现,便于清晰捕捉所需信息,使得单个台区分析时长由 20 分钟以上缩短至 5 分钟,提升班组专业分析效率 70%。台区治理工作结合应用上述分析类报表后,得到结果更加快捷准确,对现场人员治理工作起到了精准的辅助作用。

3.2 优化管控质量

应用报表工具源头取数和秒级计算响应的优势,可以大大提升基层管控工作的准确性与时效性,为管理者提供快速决策参考的同时,也减轻了管控班组的统计工作量,使用报表以来累计减轻管控班组 50% 统计负担,将管理人员从烦琐的统计工作中抽身,从而更好地投身到管理优化、创新实践工作中去。

3.3 创新工作模式

基层通过应用报表工具可以打通数据通道、加大数据分析应用、促进多系统贯通、提升数据可用率。该中心通过应用上述系列报表,建立了一种快速、高效、准确的台区综合分析工作模式,为基层营造了一种维护数据、管理数据、应用数据的高效数字化工作氛围。

报表建设"因地制宜" 线损治理"寸土必争"

1.1 业务现状

线损是电能从发电厂传输到用户过程中，在输电、变电、配电和用电各环节中所产生的电能损耗，而同期线损是指供电量和售电量在相同统计周期下计算得到的损耗电量。线损管理作为供电公司一项重要的经营管理内容，涉及发展、调控、运检和营销等专业，是一项涉及面广、数据量大、综合性强的系统性工作。

提升同期线损管理水平是一项长期的任务，供电公司各部门通过专业管理，可以对异常档案、故障设备、窃电及违约用电等情况进行治理，进而降低各电压等级的线损率，达到提升经营指标和运营管理水平的目的。

1.2 业务痛点

与同期线损管理相关的业务系统有用电信息采集系统、电力营销业务应用系统（SG186）、同期线损系统和设备（资产）运维精益管理系统（PMS2.0）等多个业务系统，涵盖设备台账、图形拓扑关系、采集数据和用户档案等大量信息数据。在同期线损管理工作中，管理者把控全局数据存在一定难度，对系统间数据的整合分析只能通过线下形式开展，大大降低了数据分析效率，具体表现如下：

1.2.1 取数复杂，基础数据整合多阻碍

同期线损管理主要应用营销、运检、调度等系统数据，涉及系统较多，获取跨专业数据协调难度大，跨专业数据对比分析时，需人工处理，严重影响日常工作效率。

1.2.2 模式固化，基层分析诉求难满足

业务系统在日常线损治理中提供了极大便利，但部分功能模块不能因地制宜，无法满足业务人员在线损日监控、自动剔除突发异常情况等场景上本地化、个性化的需求，从而导致线损管理人员只能将部分特定工作通过线下转发、排查的方式开展，费时费力。

1.2.3 监控欠缺，跑冒滴漏堵塞不及时

同期线损治理中，计量装置异常引起的表底缺失，设备台账不一致引起的数据同步失

败,线变关系不一致引起的线路高负损等现象,每天都占据一定比例,问题数据不能得到及时监控和处理,导致同期线损治理进度缓慢。

2 主要做法

2.1 解决思路

目标: 搭建基于数创平台的同期线损全过程管控体系

思路: 同期线损分析流程图如图 5-1 所示。以提升同期线损"四分"在线监测达标率为目标,覆盖发展、调控、配电和营销四大专业,从加强指标在线监控、多系统数据集成、减少人工查找、线损异常原因辅助分析等方面,研究开发基于数创平台应用的同期线损全过程管控体系,如图 5-2 所示,满足决策层、管理层、执行层人员的不同业务需求,方便各层级人员随时自主按需查看数据,充分挖掘数据价值,提高工作效率。

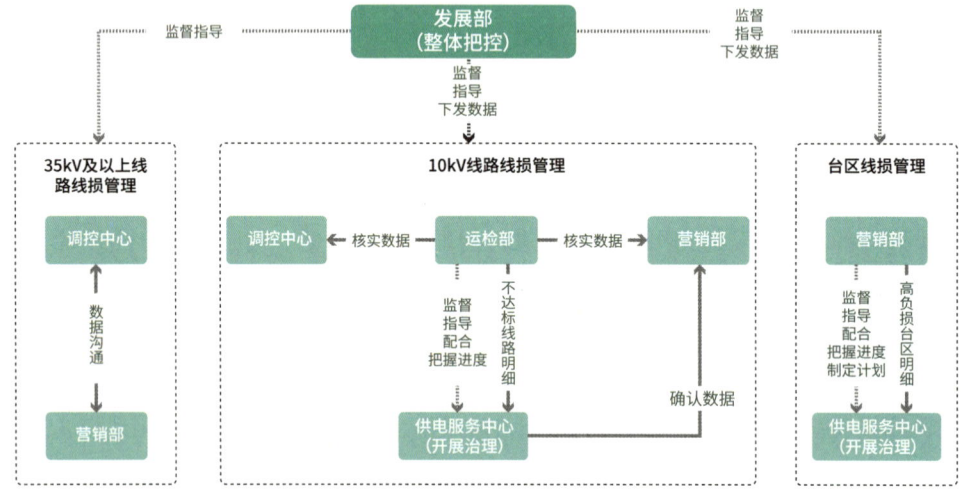

图 5-1 同期线损分析流程图

图 5-2 四大报表体系

2.2 解决过程

借助数创平台的跨系统数据归集特征，同期线损全过程管控体系可以汲取多系统所需数据资源，将整合后的数据在一个界面集中展示，使跨专业数据深度融合，节省日常统计分析时间，构建个性、快速、高效、准确的数据化线损治理新模式。

2.2.1 发展专业同期线损报表体系

发展部作为同期线损指标体系的管理部门，其设计的发展专业同期线损报表体系的核心在于：通过深度融合运检 PMS2.0 系统、营销 SG186 系统和用电信息采集系统的公专变信息，表底数据及表计状态信息等，实现异常数据的统计监控及分析治理工作，减少相关人员对异常数据的统计工作量，方便基层单位对异常数据的核查及治理工作，提高工作效率。

2.2.1.1 核对线路的线路—变压器关系

各供电服务中心在开展 10kV 高负损线路治理工作中，首先要核对线路的线路—变压器关系和采集信息是否正确，需要在运检 PMS2.0 系统和营销 SG186 系统中分别查询线路的公用变压器和专用变压器信息，人工比对两个系统的数据费时费力，且容易出现误差，给线损治理工作带来较大难度。线路—变压器关系核对流程图如图 5-3 所示。该报表体系应用后，可以实现在同一张报表中同时显示该线路所带的公用变压器、专用变压器数量和高压用户明细等信息，如图 5-4 所示，基层人员可直接通过查询结果与同期线损管理系统和现场情况进行核实比对，快速排查出线路—变压器关系是否正确，更直观、更易于操作，大幅提高了线损治理工作效率。

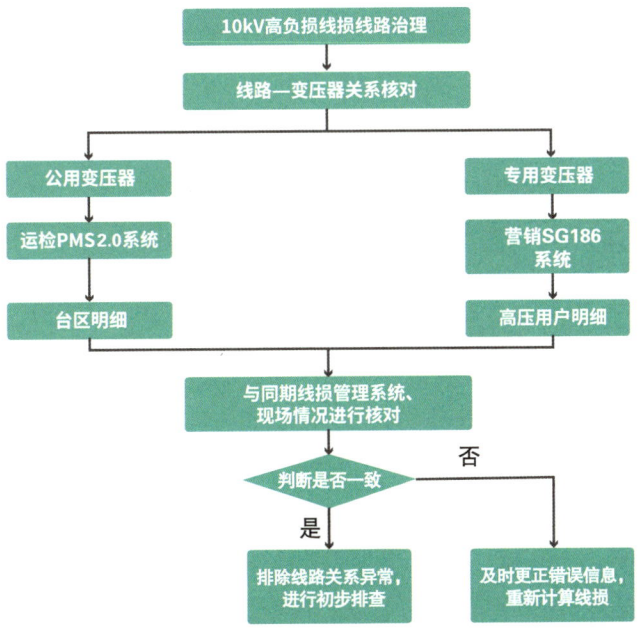

图 5-3　线路—变压器关系核对流程图

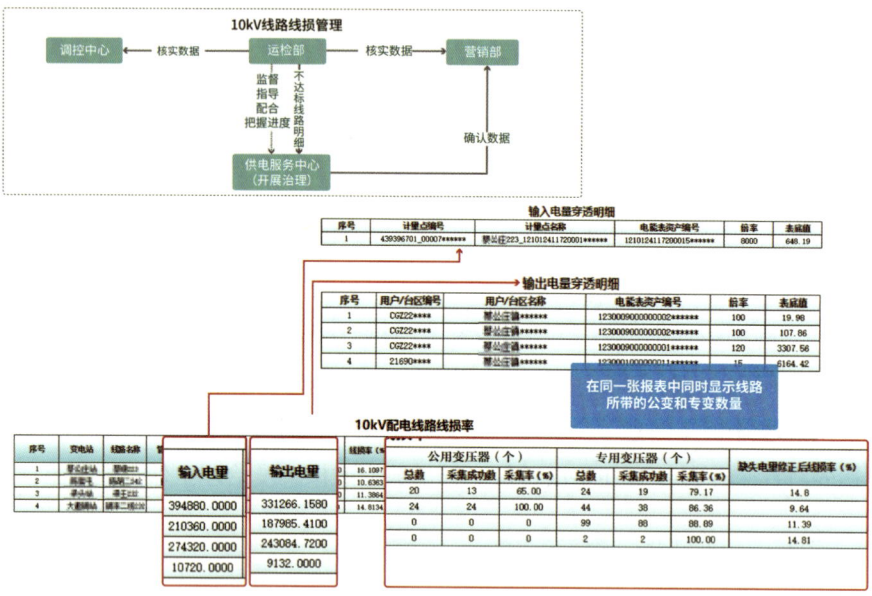

图 5-4　10kV 高负损线路治理

2.2.1.2 线损不合格的设备治理

开展同期线损监控，主要是为了通过监测数据，治理真正线损不合格的设备，以提升公司线损管理水平，降低损失，达到提质增效的目的。报表体系开发之前，需要专人每天根据采集情况手工统计表底缺失明细，然后反馈给营销专业，再由营销专业反馈至相关供电服务中心，进行现场手抄后再将数据逐级返回，流程烦琐，所需时间较长。计量装置异常引起的表底缺失现象两种处理方式对比如图 5-5 所示。

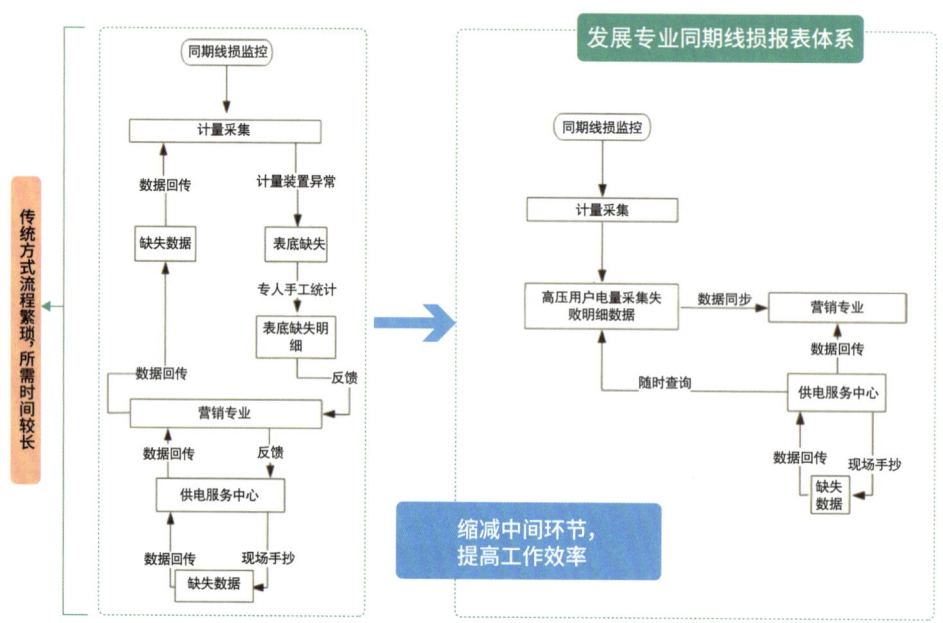

图 5-5　计量装置异常引起的表底缺失现象处理方式对比

为便于营销人员及时发现并解决存在的问题，同期线损管理通过报表体系的使用，可以使各级人员随时查询高压用户电量采集失败明细，如图 5-6 所示，基层单位可以有针对性地及时安排人员到现场手抄表底数据，并将现场情况反馈给营销专业进行消缺处理，从而缩减了流程的中间环节，提高了工作效率。

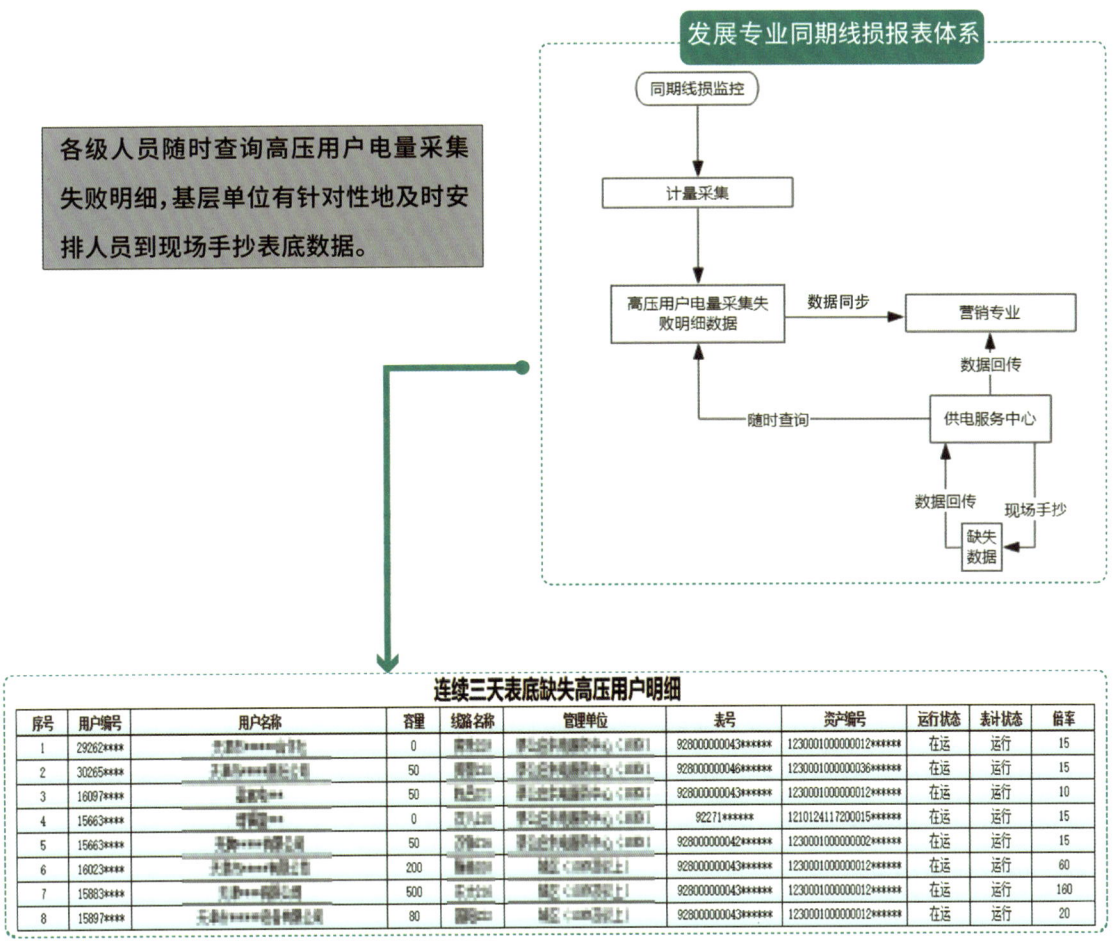

图 5-6　高压用户电量采集失败明细

2.2.2 调控专业同期线损报表体系

调控专业负责 35kV 及以上同期线损管理，如图 5-7 所示。调控专业报表设计的核心理念为：结合市调电量计量系统、营销用电信息采集系统的各类型电能表表底数据和调度自动化系统的电网模型配置数据，实现输电线路线损率、母线平衡线损率系列报表数据的自动计算校核；通过多报表之间的综合对比分析，精确快速定位线损异常线路及电量数据异常关口，提高管理工作效率。

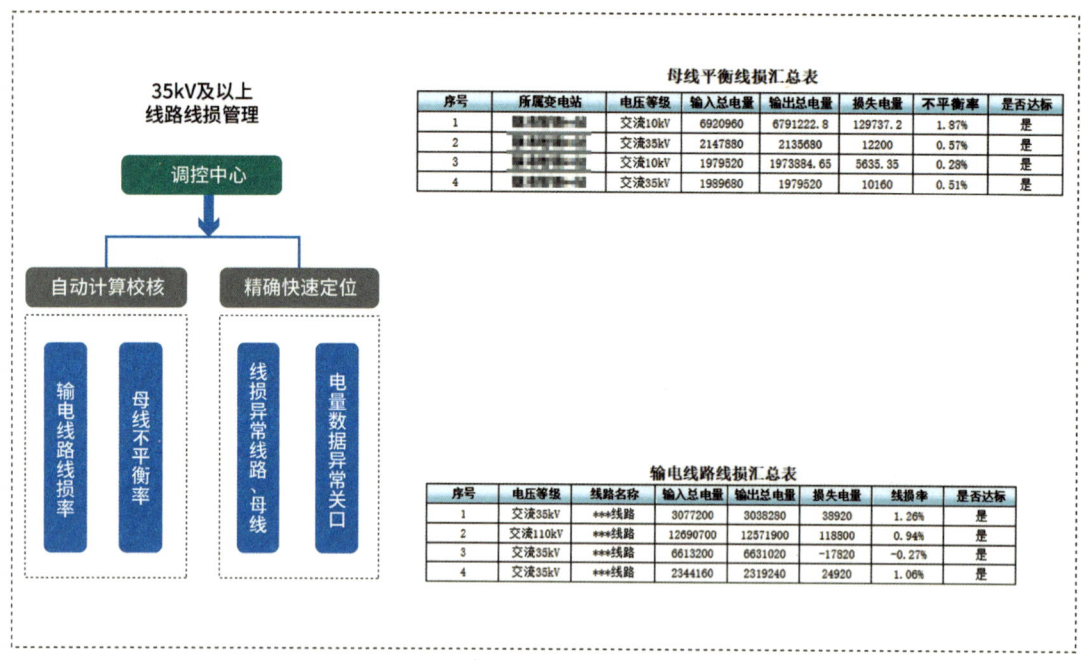

图 5-7　35kV 及以上同期线损管理

调控报表体系实现了重要指标数据的自动统计和快速查询，包括：全网 35kV 以上分线指标总体完成值、10kV 及以上母线平衡指标总体完成值、每一条输电线路和母线的线损完成值等。以此报表数据为依托，调控专业线损管理人员能够快速定位线损异常的输电线路和不平衡度偏离较大的变电站母线，精准聚焦管控焦点，提高整体工作效率。

通过对线损异常的输电线路和不平衡度偏离较大的变电站母线进行模型配置下各关口电量数据的比对和排查，可以进一步精准定位异常电量关口，为营销专业进行表计准确性检查、窃电查找提供方向性意见，帮助一线工作人员缩小排查范围，降低工作强度，提高处理效率。

该报表体系的应用，实现了线损相关数据的自动抓取和计算，加强了线损管理人员对线损整体情况的宏观掌控，并能快速聚焦管控焦点，提升管控效率。

2.2.3 配电专业同期线损报表体系

配电专业同期线损报表体系重点解决各供电服务中心日常统计数据不便的问题。通过将数据划分至各供电服务中心，基层单位人员可以更直观地监测本服务中心的线路线损概况，如图 5-8 所示，减少不同系统之间的数据匹配及统计工作，将不达标原因精确到点，并加以初步分析，进而加快数据的治理进度，提高线路线损达标率和数据档案整体质量。

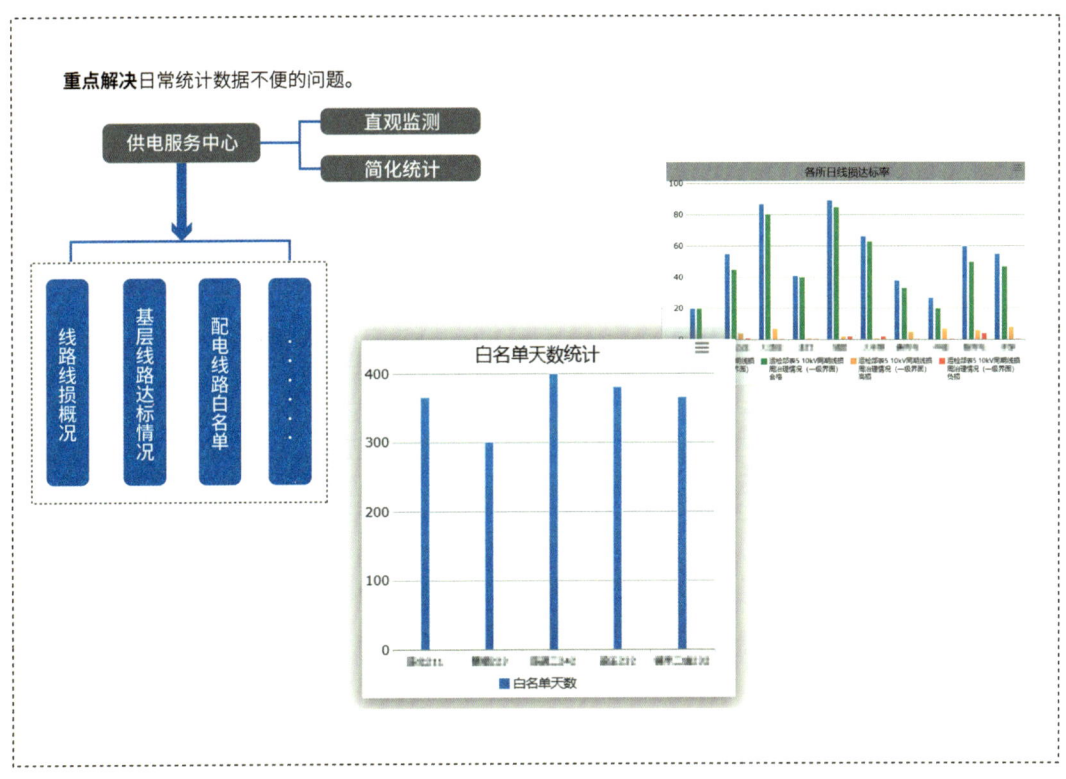

图 5-8 供电服务中心日常统计数据

配电专业同期线损报表体系还对白名单手动统计工作进行简化。配电线路白名单不固定，而且白名单线路只在月终考核时起辅助校正作用，每日记录白名单线路费时费力。线损治理人员利用同期线损报表体系可以减少重复性工作量，将每日白名单线路进行汇总统计，并采取累加的方式进行整合，报表中能清楚显示本月涉及的白名单线路明细和对应的具体日期，从而可将更多的精力放在不达标的线路治理上。

2.2.4 营销专业同期线损报表体系

营销专业按照日监控工作内容设计开发报表体系，其包含了 3 个层级，分别是台区线损统计层、台区线损展示层、台区线损问题分析层，如图 5-9 所示。

2.2.4.1 台区线损统计层

提供按单位、按班组、按台区经理等组合方式，可实时查询综合线损完成情况、台区合格率、采集成功率、覆盖率等指标完成情况，供各层专业管理人员以及台区经理了解台区的各项指标完成情况，形成监测数据。

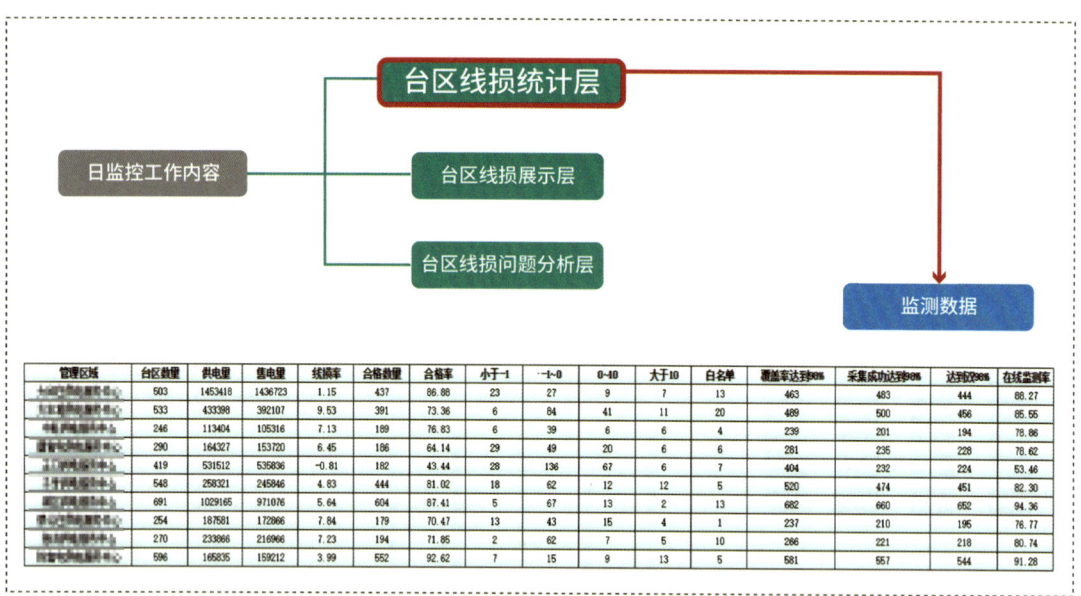

图 5-9 台区的各项指标完成情况统计表

2.2.4.2 台区线损展示层

如图 5-10 所示，该层汇集了某台区从每月 1 日到查询日期每天的台区供电量、售电量和线损率情况，形成线损曲线，方便进行数据分析。报表下方为该台区存在的问题汇总列表，这些问题均会对台区线损产生影响。

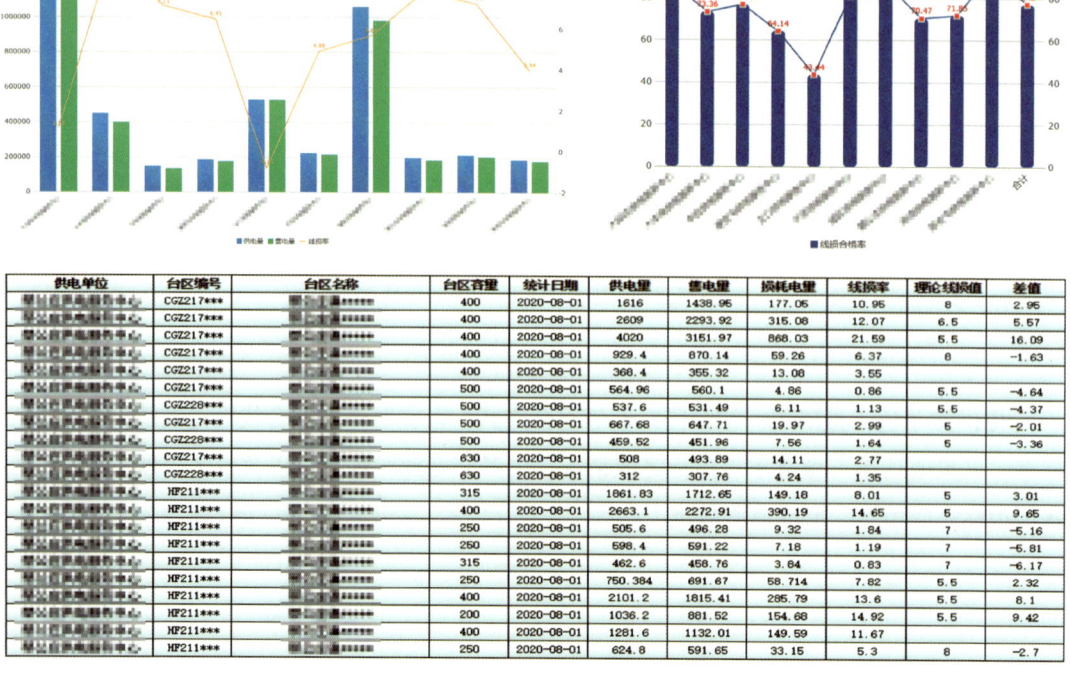

图 5-10 台区的各项指标完成情况展示

2.2.4.3 台区线损问题分析层

如图 5-11 所示，该层集合了线损展示层所展示的各项问题数据明细，如考核表电压异常、考核表电流异常、发电用户与用电用户所属台区不一致、采集系统与营销系统表数不一致等，结果直观，达到一目了然的效果。

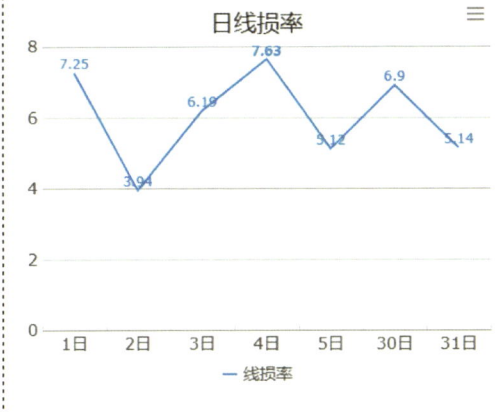

图 5-11　问题数据明细

3　价值成效

基于数创平台的同期线损全过程管控体系有利于公司对关键指标数据的集中监测、跨专业间数据自动校核、线损数据分析整理、多业务系统间协同应用，有效提升了基层单位应用效果。

3.1　取数——提升工作效率

基于数创平台的同期线损全过程管控体系将传统线下人工数据对比的模式改变为线上自动对比，大幅提高工作效率。同时治理人员可以依靠该管控体系，在繁多的数据中快速精准定位线损问题关键点，有效缩减了查找数据时间。

3.2　分析——提升管理水平

基于数创平台的同期线损全过程管控体系将人工分析转化为数据智能判断，方便查看各类问题数据，为治理人员提供分析意见，科学指导决策。依据该管控体系提供的分析结果，治理人员可以做到方案的实时动态调整,提高线损治理的针对性,加大治理力度,加快治理步伐。

3.3 监控——提升企业效益

基于数创平台的同期线损全过程管控体系可以从线变、台变关系、档案参数、计量缺陷、采集异常等方面,对每条线路、每个台区产生异常的原因进行诊断分析,确保整治到位、问题不反复,该管控体系还可以统计日常应用最多的报告和报表,线损治理人员通过下载相关分析报告,有效缩减了编写各种报告和报表所需的时间,助力质效提升。

"一目了然"监指标 "心中有数"控流程

1 案例背景

1.1 业务现状

电力是保障区域发展的关键环节，获得电力指数是营商环境优化的重要考核指标，某公司结合区域经济建设发展现状，以方便用户需求为着力点，积极实施"阳光业扩"。一方面，出台系列文件和相关制度，确保业扩项目能够快速接电，大力减压结存，全力增供扩销；另一方面，建立业扩报装服务时限稽查机制，对业扩报装过程及质量开展常态化监督和管控，助力电力营商环境优化。

随着业扩报装业务量的增加，工作强度和应用数据量都在飞速增长。根据业务需求，急需从业扩接电容量、高压接电在途工单两方面建立数据监控看板，快速、准确反映业务执行进度，提升工作效率，支撑业扩报装全年目标完成和业扩流程风险管控。

1.2 业务痛点

1.2.1 月报式监控，核心指标更新慢

供电公司在年初制定业扩报装接电容量目标，该指标的完成情况反映公司业扩工作进度，体现公司市场新增能力，因此及时掌握业扩报装的核心指标"接电容量"将成为管控的关键因素。目前主要基于传统月报形式统计接电容量完成值，监测时间跨度较大，核心指标更新慢，导致工作调整不及时。

1.2.2 低维式统计，业务分析不全面

业扩报装项目信息丰富而复杂，接电容量可监测维度众多，传统月报仅对接电容量完成值和不同用电类别接电容量进行统计，指标分析维度较少，数据分析角度有限。这不仅无法满足业务上丰富的监控需求，还导致相关业务间的关联及拓展分析缺乏有力的数据支撑，业务分析不全面。

1.2.3 查询式跟踪，数据汇总耗时长

公司建立了业扩报装服务时限稽查机制，基本可以实现对业扩在途工单的管控，但此方法需要通过在电力营销业务应用系统（简称186系统）以人工导出的方式获取在途工单相关

数据，存在手动整理数据工作量大、数据分析耗时长、数据分析准确性难保证等问题。

1.2.4 流水式记录，展示形式表层化

业扩报装项目工作环节较多，且存在多个环节同时开展的情况，工作过程通过流水账式表格记录，数据展现形式单一枯燥，工作重点不突出，缺乏直观性。基层业务人员开展业扩数据分析工作，也只能采用多个业务表格反复比对的传统方式，很难从庞大的表格数据中快速获取有用信息，在途工单监控重点不突出，未实现对数据价值的深层挖掘。

2 主要做法

2.1 解决思路

目标： 搭建业扩"双场景"数据化监控看板。

思路： 如图 6-1 所示，从管理视角出发，明确监控内容，梳理数据需求。依托数创平台，快速获取数据，提升数据集成效率；借助报表工具，充分发挥决策报表优势，搭建业扩接电容量指标、高压接电在途工单两个场景看板。实现业扩"双场景"数据化监控看板每日更新，以多维、明朗、客观的展示形式辅助专业人员快速获取有效业务信息，以便及时调整工作计划，提供工单风险预警，优化业扩服务模式。

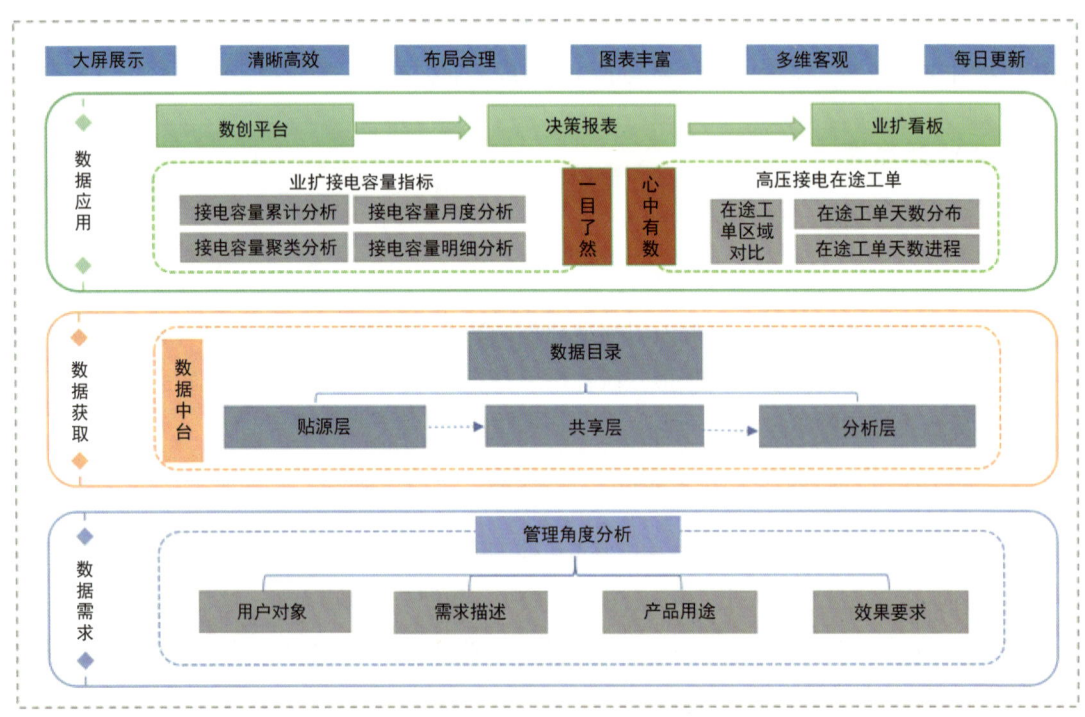

图 6-1 "双场景"数据化监控看板架构图

2.2 解决过程

在监控看板的设计制作过程中，充分考虑业务应用实际性和使用便利性，通过合理布局排版、图表类型选择等多项功能，实现数据准确、易读、多维化展示，做到指标"一目了然"；通过重点分析关键环节、深度挖掘异动信息，做到流程"心中有数"。

2.2.1 整体看板布局设计

业扩"双场景"数据化监控看板布局设计按业务主、次、辅的顺序排版，如图 6-2 所示。看板中间位置以框架图形式展现核心业务内容，突出展示接电容量完成值；看板两侧呈现主要指标图表，以便对用电类别、行业分类、月度容量、同比增长等进行多维分析；看板充分利用报表工具下钻及图表联动功能，实现数据深层次展示，同时合理配置看板各模块背景色域，达到了看板美观、重点突出的良好效果。

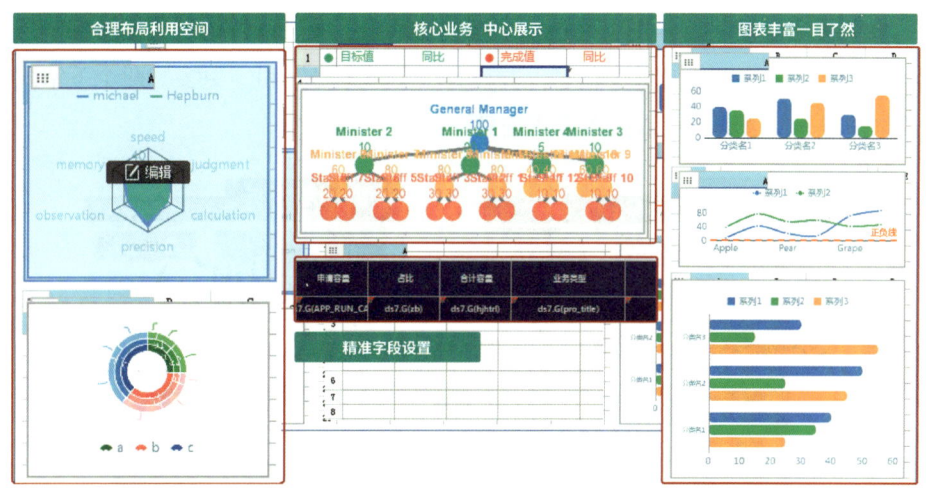

图 6-2 "双场景"数据化监控看板布局设计图

2.2.2 业扩接电容量指标场景

业扩接电容量指标监控场景，运用报表工具实现对接电容量指标的多维监控，以保障对任务完成进度的客观评价。设计接电容量累计分析、月度分析、聚类分析和明细分析四类图表，增强数据直观效果，保障指标监控"一目了然"，如图 6-3 所示。辅助专业人员快速获取相关业务信息，以便及时调整工作计划。

2.2.2.1 接电容量累计分析

业扩报装接电容量累计完成值及完成进度是业扩报装业务最为关注的指标。看板采用框架图展示接电容量分布，可快速掌握各供电服务中心接电潜力；通过列表展示当年接电容量目标值和完成值，同时列出同比增长率，利用历史经验判断当前专业工作压力；通过进度条展示接电容量完成比例，可以更直观地掌握工作进度。接电容量累计分析可以辅助分析专业工作安排的合理性，对下一步工作调整具有重要指导意义。

2.2.2.2 接电容量月度分析

业扩报装接电容量月度完成值及同比增长情况，体现对业扩报装业务的分阶段把控。看板采用柱状图展示每月容量，同时对比当年与上一年度接电容量，采用折线图展示各月同比增长率，对比当年与上一年度接电容量增长趋势。此外，针对疫情开展专项分析，通过对比 2020 年与 2019 年月度数据，可了解疫情对接电容量的影响及业扩业务的恢复情况，实现对接电容量的分阶段有效监控。

2.2.2.3 接电容量聚类分析

业扩报装接电容量聚类分析选取业务类型、行业分类、用电类别三个角度开展聚类，对接电容量进行多维、全面分析。看板采用雷达图展示接电容量在各业务类型的分布，采用条形图展示接电容量在各行业分类的分布，采用多层饼图展示接电容量在各用电类别的比重。

2.2.2.4 接电容量明细分析

业扩报装接电容量明细分析，是在整体把控的基础上，进行接电容量指标细节展示。看板通过表格展示已归档工单的重要信息，并设置"工单编号"和"更多"两个下钻，以便管理人员及时、准确、清晰地获取工单需求信息。

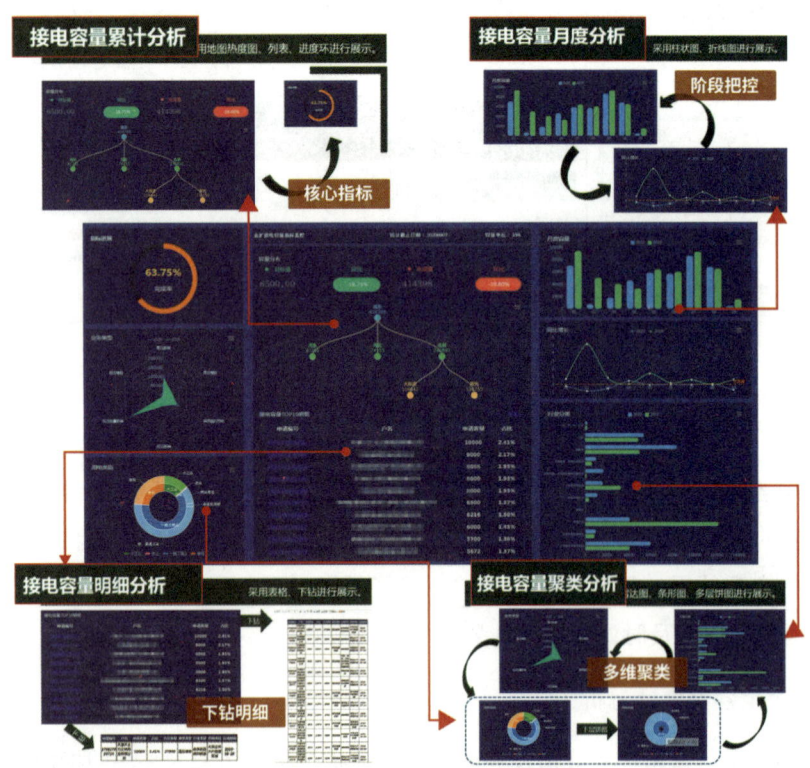

图 6-3 业扩接电容量指标场景功能展示图

2.2.3 高压接电在途工单场景

高压接电在途工单监控场景运用报表工具客观展示业务数据，减少人为干预，如图 6-4

所示。针对在途工单特点，进行区域对比，重点分析工单进程、在途天数、分布情况，提供每日工单预警，保障工单流程心中有数，助力工作模式由"被动催促"转化为"主动提示"。

2.2.3.1 在途工单区域对比

高压接电在途工单监控看板主要用途是掌控工单流程和工单完成质量。根据所属区域不同，用户工单由不同供电服务中心处理，对比分析不同供电服务中心工单，更有业务针对性。看板通过柱状图和多层饼图对比各供电服务中心在途工单容量和数量，分析待办任务情况；通过框架图、表格与甘特图分别展示不同区域容量值、工单明细和工单进程，并形成联动，可有针对性地开展不同区域分析，方便对工单进一步处理和掌控。

2.2.3.2 在途工单天数分布

业扩报装服务时限是业扩报装服务的重点稽查指标，单纯掌握每个在途工单的送电自然天数，无法精准把控业扩接电在途工单整体服务时限现状。利用概率学知识对服务时限数据进行深度挖掘，选择合理归纳步长为10天，根据工单数量制作概率分布图，展示在途工单服务时限趋势。通过概率分布图提供分布规律，辅助查找隐藏风险，实现业扩报装服务效率的整体提升。

2.2.3.3 在途工单环节进程

高压接电在途工单各环节状态是管理人员最为关注的指标。看板通过甘特图把控在途工单业扩服务时限以及工单业务受理、答复供电方案、竣工验收、送停电管理等关键环节的完成情况。管理人员可以通过工单流程进度和工单服务时限综合分析，提前预警风险，主动对接用户，及时了解用户需求，助推电力公司服务模式从"被动处理问题"向"主动发现问题"、从"事后分析投诉原因"向"源头提升服务质量"升级转变。

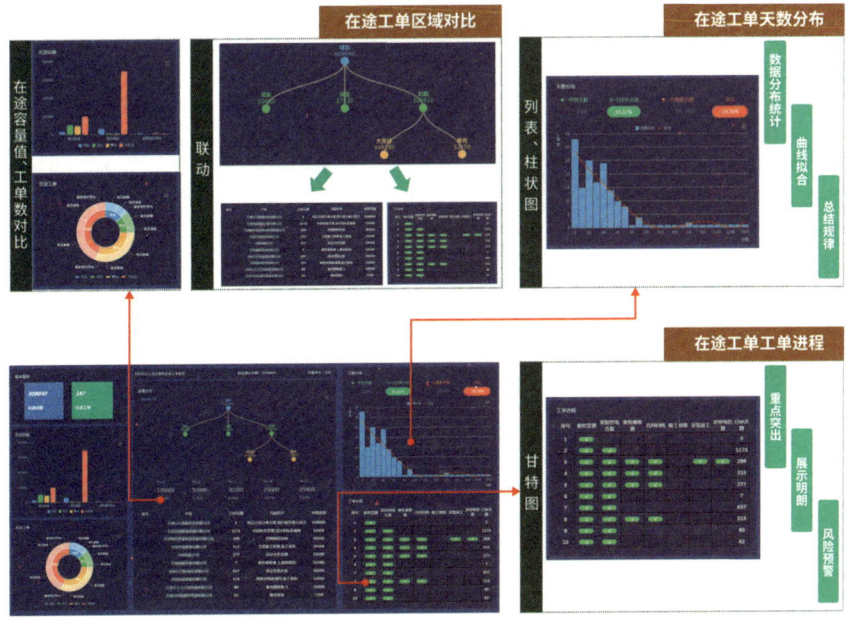

图6-4　高压接电在途工单场景功能展示图

3 价值成效

业扩"双场景"数据化监控看板充分发挥数创平台优势，详细展现业扩接电容量指标监控和高压接电在途工单监控两个场景，对提升业务管控能力和优化客户服务流程具有极大的提升作用和应用价值。

3.1 更新及时，辅助提质增效

业扩接电容量指标监控看板可每日更新，打破了系统月报模式的限制，辅助管理人员及时掌握业扩接电容量完成情况，适时调整工作计划，提高工作质量，指标监控及时性提升 97%。看板实现了数据自动整合、更新，将原本需要 30 分钟的数据整合时间缩短至 3 分钟，数据分析效率提升 90%，减轻基层负担，极大提升了工作质量和工作效率。

3.2 图表丰富，高效多维分析

业扩接电容量指标监控看板实现了从 8 个维度开展指标分析，比传统模式增加了 3 个维度，全面性提升 60%；高压接电在途工单监控看板实现了从 7 个维度开展指标分析，比传统模式增加了 3 个维度，全面性提升 75%。监控看板中每个维度均根据指标特性选用不同图表展示，图表内容丰富、重点突出，为管理人员高效管控指标提供了有力的支撑。

3.3 风险预警，及时管控决策

管理人员通过高压接电在途工单监控看板，可实时掌握每项在办工单接电容量、关键环节的办理状态、工单时长等现状，以便了解用户需求，及时主动开展风险预警，进而调整管控决策，杜绝管理漏洞，全面提升了业扩服务质量和服务水平。

3.4 信息透明，便于配合监督

管理人员通过高压接电在途工单监控看板，可及时获取工单进度，主动为用户提供业务受理、供电方案完成、竣工验收完成、送停电管理完成等业务进度短信提醒，方便了广大用户开展业务查询，对业扩服务实时监督，进而提高了用户对业扩报装进程的知情度，全面维护用户的合法权益，提升了电力公司专业过硬、服务良好的企业形象。

进阶篇

欲穷千里目，更上一层楼

本篇重点展示数据应用拓展应用，如在流程审批、图表联动、移动应用等方面的应用场景。

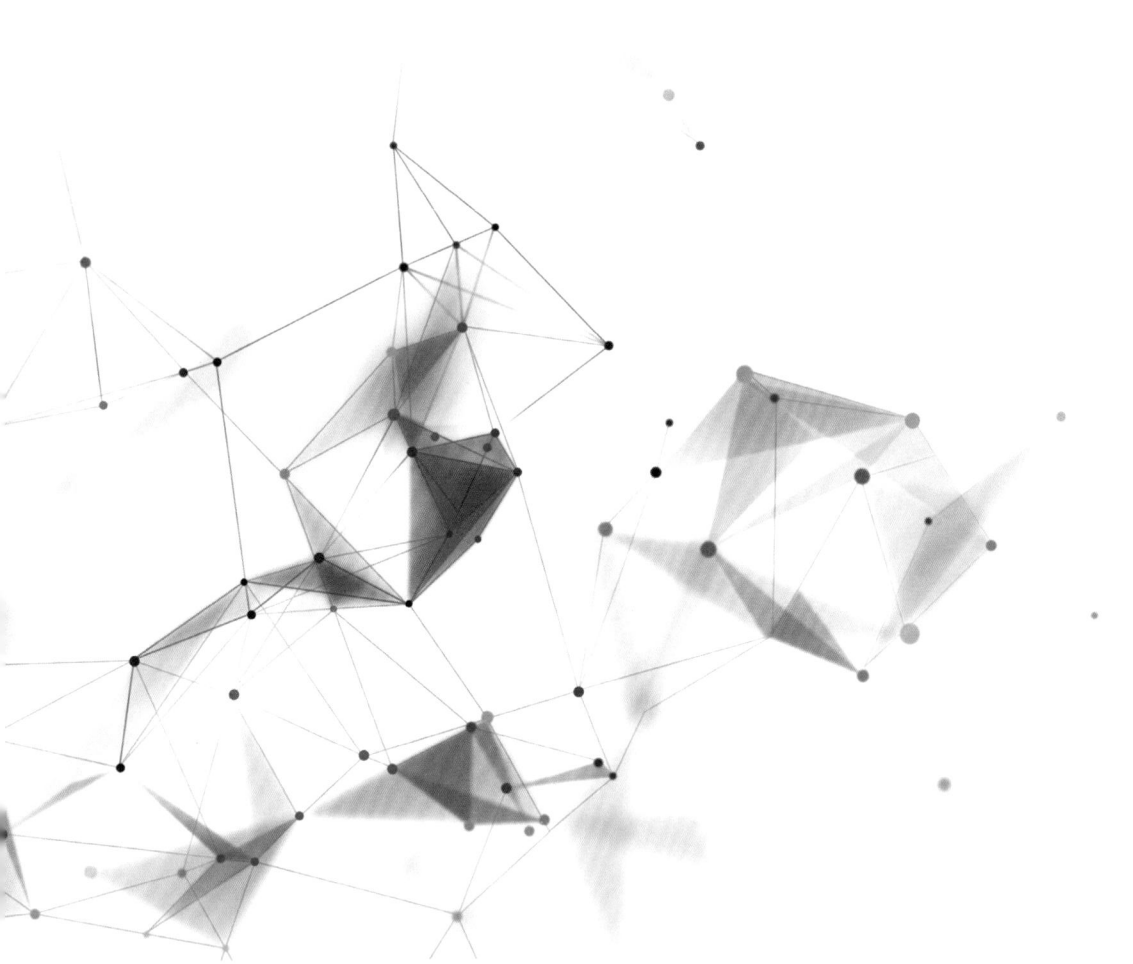

案例 7

管控智汇通——打造"提质增效"数字化管控新模式

1 案例背景

1.1 业务现状

2020年受新冠肺炎疫情影响，国内经济受到短期冲击，电量增速趋缓，供电单位经营管理指标完成压力凸显。在此背景下，某公司提出开展"提质增效"专项行动，统筹做好生产经营、投资决策、生产建设等各项工作，涉及财务、营销、运检、建设、综服、办公室、发展等多个部门，坚持稳中求进工作总基调，牢固树立过紧日子思想，以价值创造为目标，以依法合规为基础，聚焦电网、市场化等业务板块和投资、建设、生产、营销、运营各业务环节，通过内部挖潜、外部攻坚等措施，全力抓好"量、价、费、损"，做好"降、稳、提、防"，打出创收、降本节支"组合拳"，全面消化疫情影响，着力对冲政策性减利因素，确保公司稳健经营。

随着该专项行动的稳步推进，各专业、各服务中心均有针对性地开展任务过程管控，保障公司生产安全和经营稳定。与此同时，省公司推出数创平台，为专项行动的高效管理、细致分析提供新的契机。

1.2 业务痛点

"提质增效"专项行动以重点生产经营指标为抓手，进行业务管控与优化。现有工作模式主要依靠人工统计、线下报送，同时由于各系统间的数据贯通问题，导致数据统计口径不一，数据报送工作费时费力，还易出现统计错误，管理上缺少有力抓手，具体如下：

1.2.1 决策数据依据不足

任务完成情况没有数字化展示，决策缺乏足够数据支撑，并且任务进度无法直观展现，各层级信息传递效率低，基层工作人员也无法及时根据指导意见，对工作内容做出相应调整。

1.2.2 管理分析存在信息壁垒

各部门数据无法及时共享共用，需要安排各类沟通会议协调相关工作事项，各专业分析数据存在信息壁垒，沟通成本高，工作效率低。

1.2.3 执行班组任务交叉繁重

由于信息共享不畅，工作任务易出现重复布置的情况，而一项任务往往涉及多个系统的查询统计，面对大量数据的导出、计算、统计，经常会出现高频度加班的情况。

2 主要做法

2.1 解决思路

目标： 建设"提质增效"任务看板，打造数字化管控新模式。

思路： 借助数创平台建设提质增效任务看板，如图7-1所示，获取各专业数据信息，通过对数据主键进行关联分析，为管理层提供决策依据，为分析层提供数据支撑，为执行层提供精确指导。通过该看板可以快速、及时、准确知晓短板，第一时间精准定位问题，迅速响应分析，积极整改落实。在数字驱动战略引领下，打造"提质增效"数字化管控新模式。

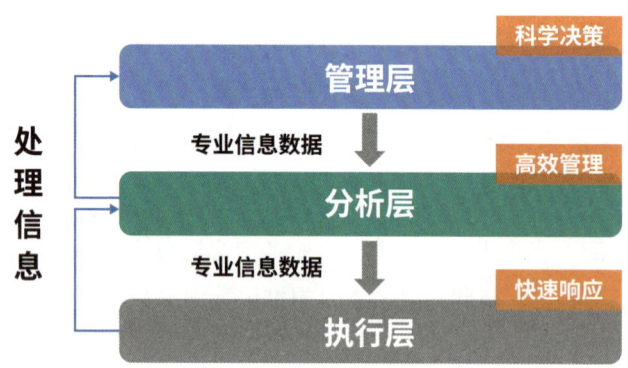

图7-1 "提质增效"任务看板业务逻辑图

2.2 解决过程

利用数创平台，打造"提质增效"任务看板，将执行目标细化分解成29项重点任务，将重点任务提炼成各项指标和量化节点目标，数字化、图标化展示，并通过数据中台自动获取各系统数据，从管理层、分析层和执行层可对重点任务进行全过程数字化管控。下面就以工程项目管理为例，介绍如何对该重要任务进行管控。

2.2.1 一站总览，为管理层提供决策支撑

2.2.1.1 全局化管理整体工作情况

如图7-2所示，对重点任务进行数字化、图表化展示，看板分为整体任务进展、重点任务部门占比、滞后部门分布、进度完成情况、公司整体完成率和任务预警6大模块。实现对

已发生异常的任务进行重点提醒,并对可能发生异常的任务进行预警。

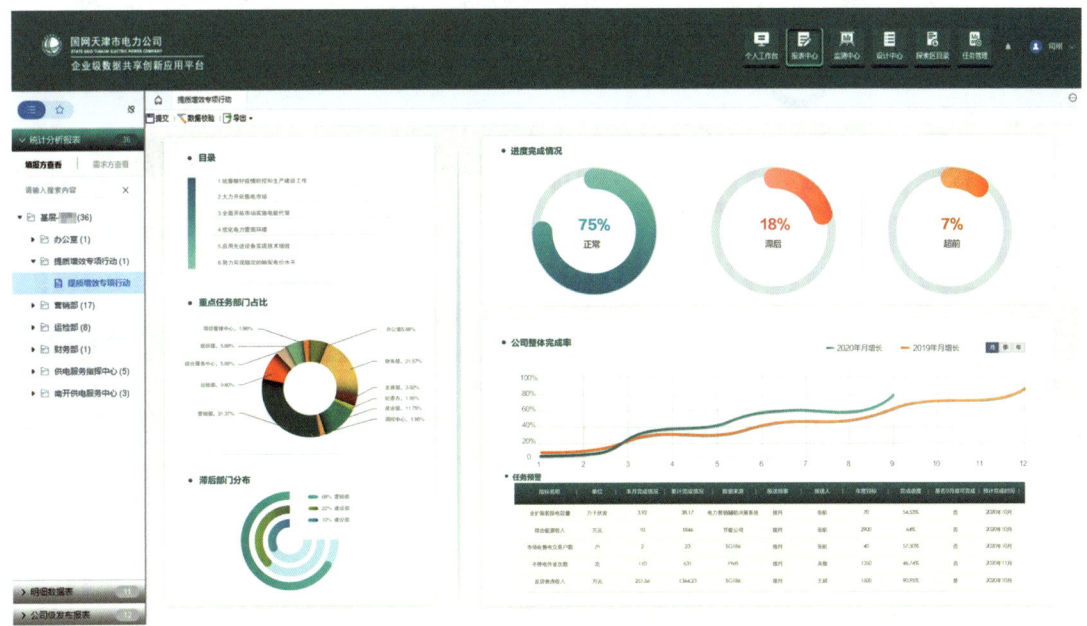

图 7-2 "提质增效"任务看板主界面

2.2.1.2 数字化展示异常任务

如图 7-3 所示,看板将任务开展按进度分为"正常""滞后"和"超前"三部分,单击"滞后",可下钻查看异常任务明细。

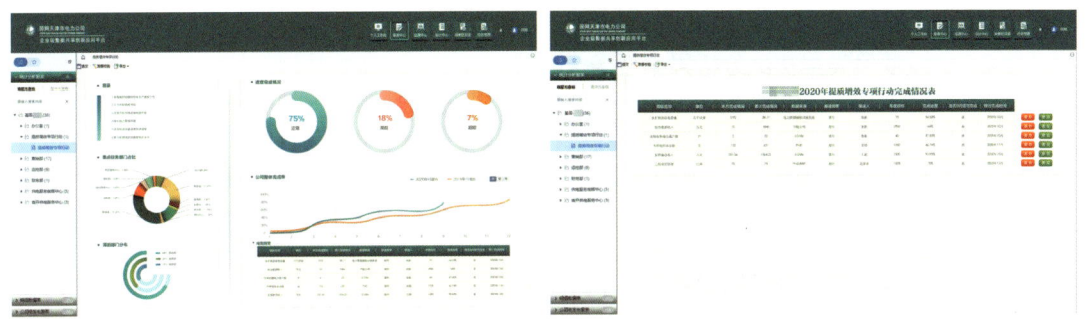

图 7-3 "提质增效"任务看板任务总览

2.2.1.3 一站式快捷任务管控

如图 7-4 所示,领导层可根据异常任务添加指导意见,指导工作重点,科学化调配资源,快捷完成攻坚任务。利用数创平台的流程管理插件,快速将指导意见发送至业务管理部门。

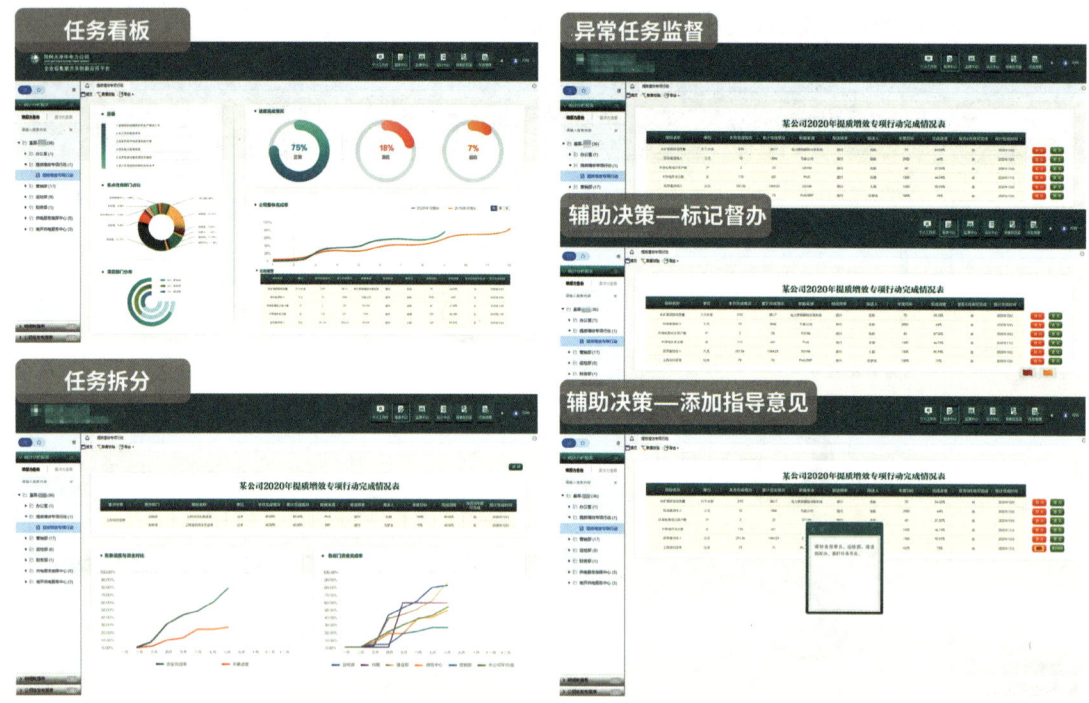

图 7-4 "提质增效"任务看板任务管理场景

2.2.2 多维视角,为分析层提供管理手段

通过数创平台,可以贯通 7 个信息系统、100 余业务源表,帮助各专业打破信息壁垒,实现数据及时共享共用,提升数据分析速率,深度挖掘数据价值,发挥最大数据效能。"提质增效"看板异常任务分析场景图如图 7-5 所示。

2.2.2.1 按项目类型初步分析异常任务

财务资产部通过数创平台接收领导层督办的重点任务和指导意见,按项目类型分解任务,分析项目形象进度和资金完成率偏差值,可及时掌握生产技改类项目的形象进度与资金完成情况。

2.2.2.2 按专业深入分析异常任务

通过单击生产技改类项目图表可进一步分析,能够分析下钻出该类项目下偏差值大于 30% 的项目明细,同时可按照专业和形象进度两个维度对明细进行分析比对。

2.2.2.3 按项目内容分析异常任务

通过单击配电专业图表可继续钻取数据进行分析,选中某条项目,单击项目名称,可查看包括项目名称、责任部门、项目经理和形象进度与资金完成率偏差值等项目信息,同时可将项目信息直接发送至对应项目经理。

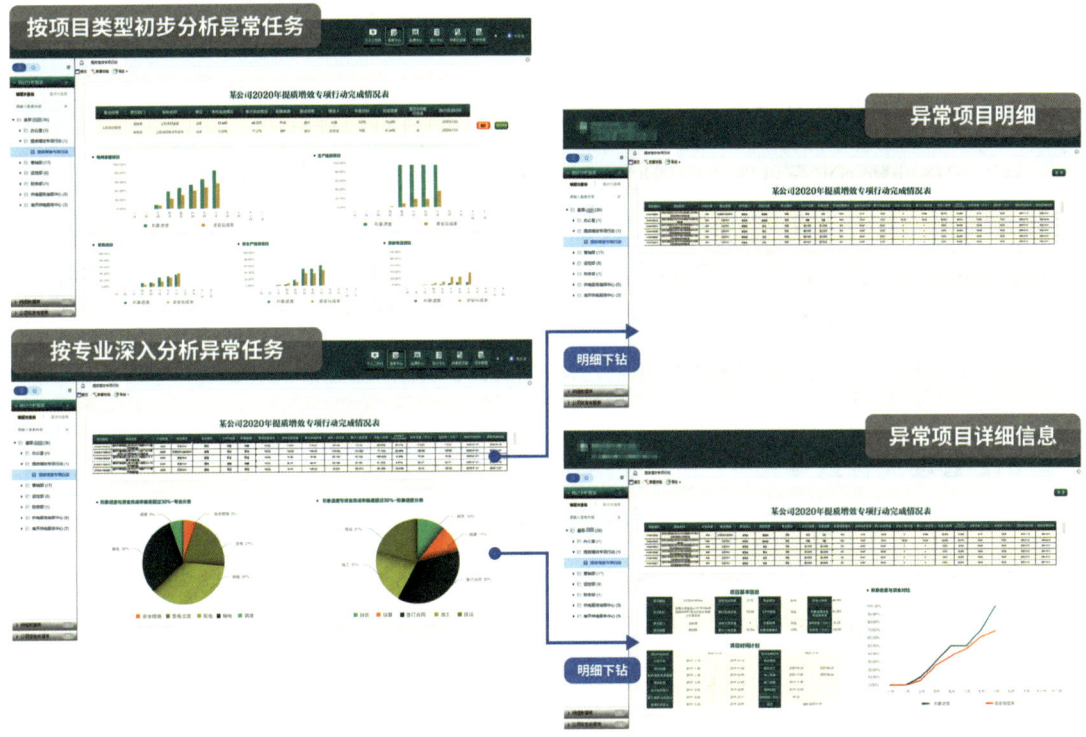

图 7-5 "提质增效"看板异常任务分析场景图

2.2.3 明确任务，提高执行层工作效率

运维检修部项目经理收到问题清单后，明确问题原因，直击异常问题点，在 ERP 系统内对该项目的资金完成率问题进行整改，领导层和分析层可直接在任务看板内查看整改后效果，提升工作效率，如图 7-6 所示。

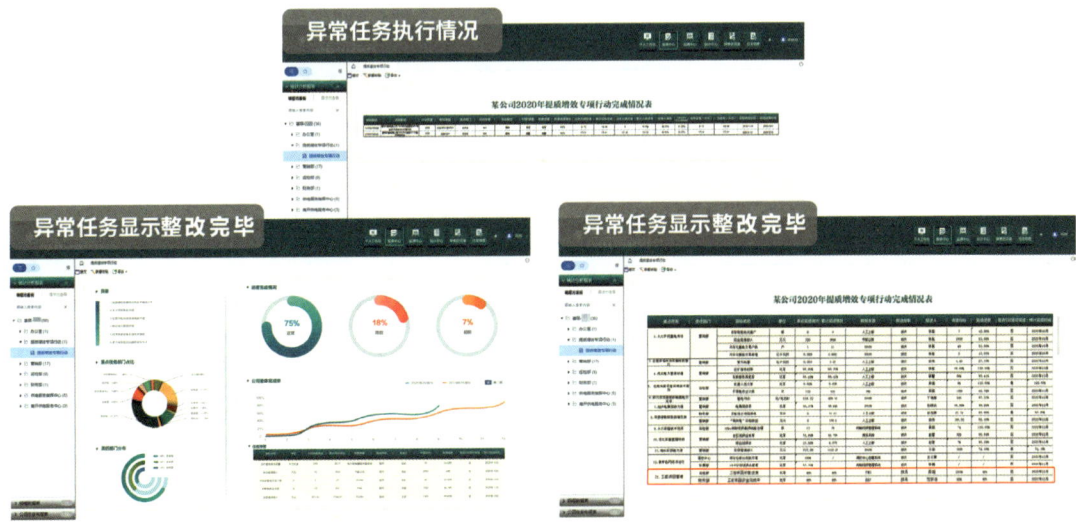

图 7-6 "提质增效"看板异常任务执行显示场景图

3 价值成效

3.1 任务开展情况显著提升

该公司借助数创平台打造"提质增效"看板，通过对重点项目全过程管控督办，整体任务完成情况明显提升，重点任务整体开展进度较去年同期提升 16%，任务正常率达到 82%，进度超前的重点任务达到 7%，提前完工的重点任务达到 15.38%。其中，"三清理、三提升"工作取得显著提升，暂估预转资及时率 100%，库存物资余额相比年初压降 17.78%，同期相比压降 173%；应付账款余额相比年初压降 48%，同期相比压降 43.32%。

3.2 管理流程数据化

以数据为支撑，将重点任务分解成结构化和非结构化数据，构建"提质增效"专项行动任务看板，打破了专业信息壁垒，统一了数据管理逻辑，为一线员工提供全方位指导，减轻了基层负担，为管理决策提供大量精准数据支撑，实现了管理流程数据化，全程可控可追溯性强。同时大大提高了工作效率，减少大量会议沟通时间，减少会议 60 次，节约时间约 120 小时。

案例 8

报表统计事半功倍
数据决策毫厘必争

1 案例背景

1.1 业务现状

某公司作为大供企业，经营压力大、管理范围广，公司管理层通常通过各专业线下报送、汇总的报表了解企业运营情况，在报送方式上，主要采用各专业自主报送、职能部室线下汇总的方式来完成。此种工作模式在一定程度上满足业务管控需求，但数据呈送的时效性与直观性相对较差，管控效率不足、数据统计压力大。基于此，从决策层到基层都迫切希望构建统一平台，快速编报各专业核心报表并实现实时查看，改变传统的业务部门线下报送方式，统一数据口径、推进业数分离，促进企业运营效率的提升。

1.2 业务痛点

1.2.1 管理效率低

以往管理层查看公司的运营数据需各专业从各系统中整理汇总并逐级审阅报送。数据汇总时间长、审阅流程复杂，存在重复报送、反复计算汇总的问题，给专业部室带来一定的工作难度，不利于运营数据的及时呈现。

同时，各专业系统间数据统计口径不一，缺乏有效的数据共享共管机制。公司日常业务所需数据来自多个系统，专业数据只由本专业管理，跨部门取数依然采用线下人工报送的方式，造成部门间横向协同工作多、管理损耗大。

1.2.2 基层负担重

在日常工作中，一线员工每月需定期进行数据汇总和报送工作，因报送要求的不同，时常还需进行不同格式、不同口径的反复计算，耗时耗力。同时专业部室对电网运行和日常工作的监测分析需要从多个系统取数，数据的分散性造成数据整合困难，所需数据过度依赖线下归集，给基层造成较重的工作负担。

2 主要做法

2.1 解决思路

目标： 利用数创平台实现公司统计简报线上编报。

思路： 该公司利用数创平台编制反映公司生产运营状况的统计简报，如图 8-1 所示，实现"关键指标一览"实时更新、报送报表自动生成、缺失数据线上填报，为公司决策提供有效支撑，逐步改变业务部门线下整理报送的传统模式，统一数据口径，减少数据矛盾，达到基层减负、管理提升的目的，进而提升企业运营效率。

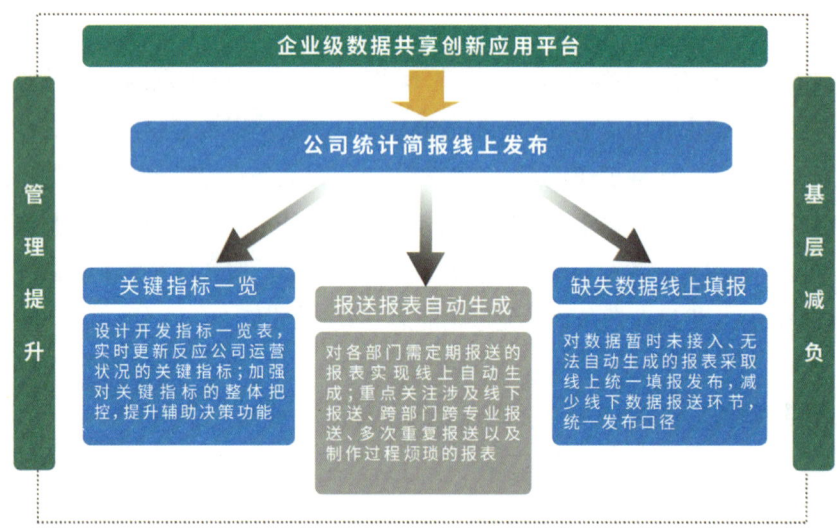

图 8-1 统计简报线上编报架构图

2.2 解决过程

该公司以基层减负及管理提升为目标，着重从跨系统填报、重复填报、明细数据需人工加工、数据质量不高、数据无法自动导出的报表等方面发掘需求，设计并实现核心报表自动生成、统一发布、实时查阅。

2.2.1 "关键指标一览"实时更新

梳理反应公司运营状况的关键指标，设计开发关键指标一览表，如图 8-2 所示，包含指标当月和累计完成值及同比变化，凸显公司经营管理水平波动情况。同时支持与省公司指标进行对比，支撑关键指标及主题异动数据的整体把控，有效保证决策的科学性。

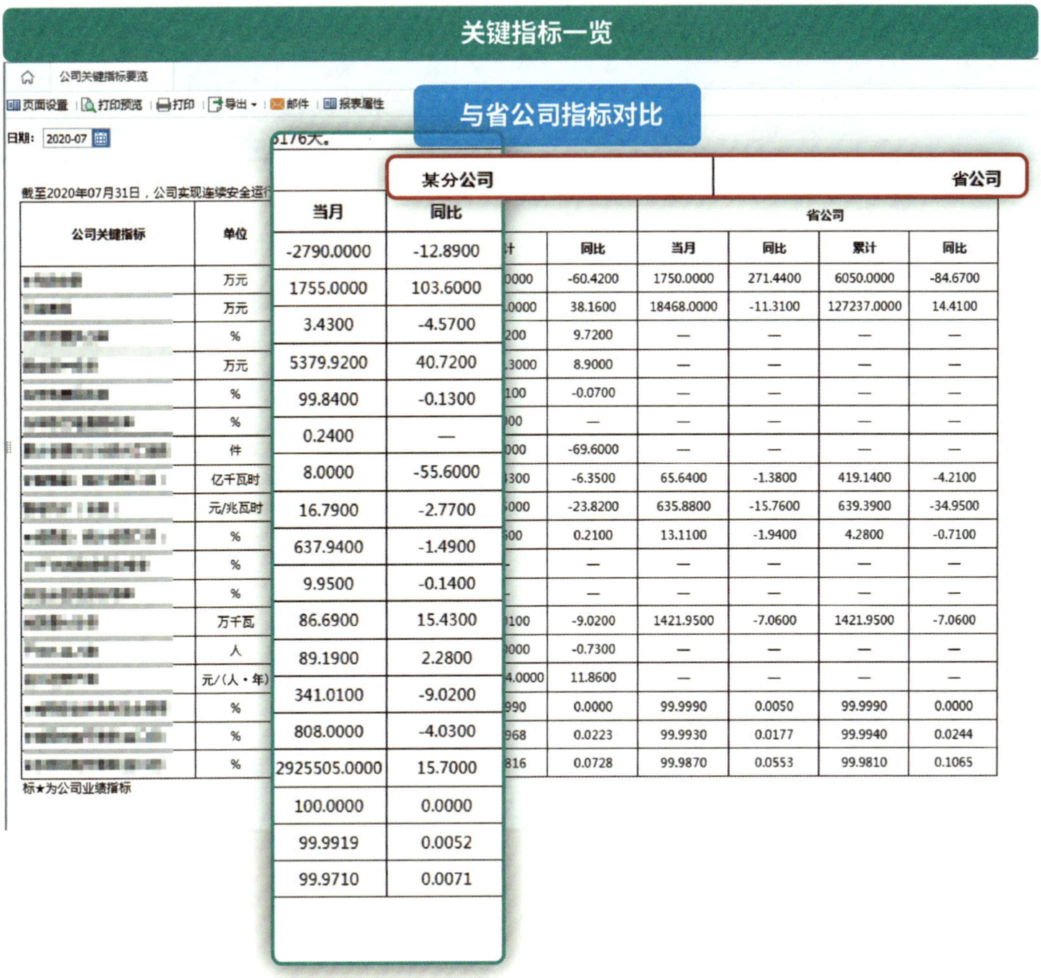

图 8-2 关键指标一览表

2.2.2 报送报表自动生成

利用数创平台实现报表线上自动生成，打通各专业系统壁垒，精简报送流程、统一数据口径。以某地区"每月售电情况"为例，该公司开发了一整套售电量相关统计报表，按不同的专业报送维度实现每月自动生成，内容包括分月售电量增长率、分行业售电量同比增长情况（见图 8-3），各园区月度售电量情况，分区域月度售电情况（见图 8-4），分区域当年售电情况（见图 8-5），线上售电情况统计等，全方位多角度展示该地区的售电情况，业务人员通过浏览该套表，能快速准确了解各区域各行业售电情况、定位异动区域，掌握客户售电渠道偏好，有效提升客户服务质量。

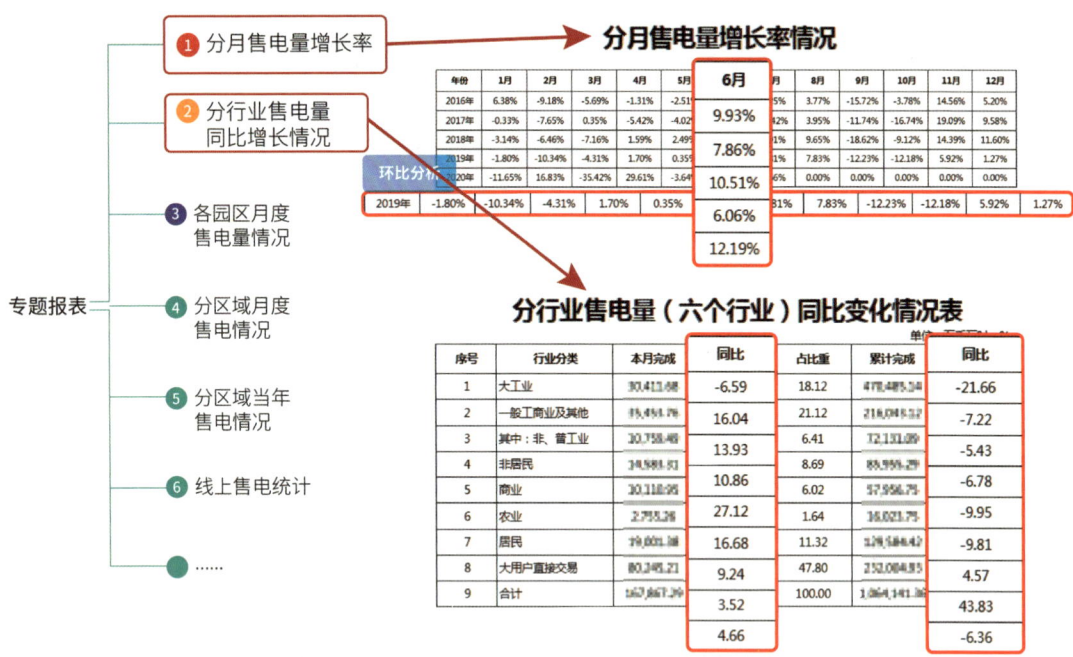

图 8-3　分月售电量增长率和分行业售电量同比增长情况

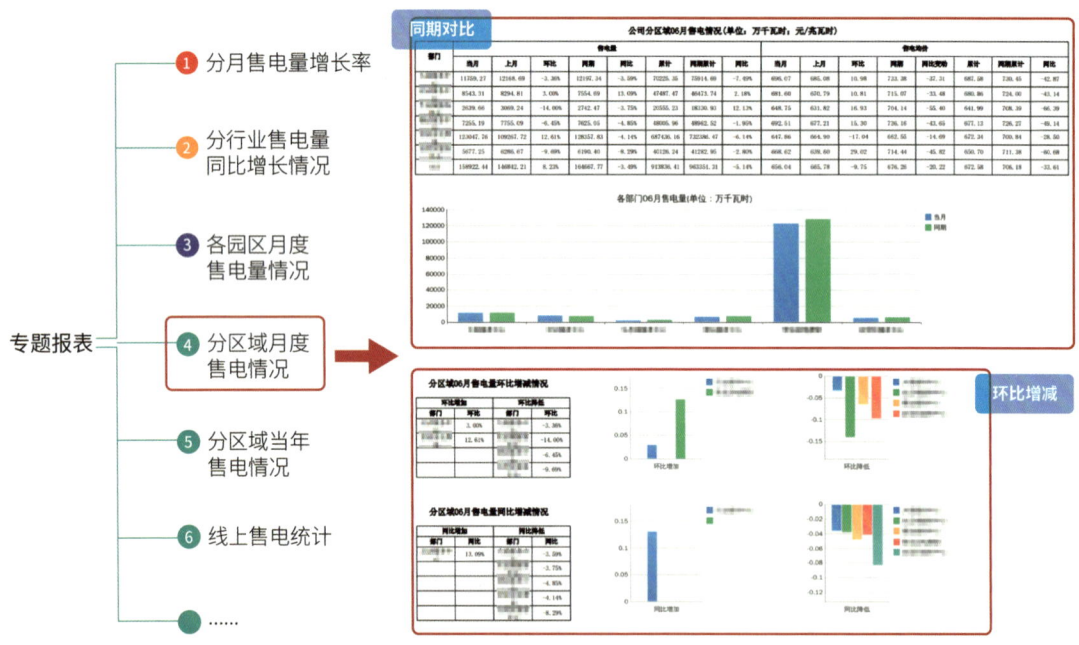

图 8-4　分区域月度售电情况

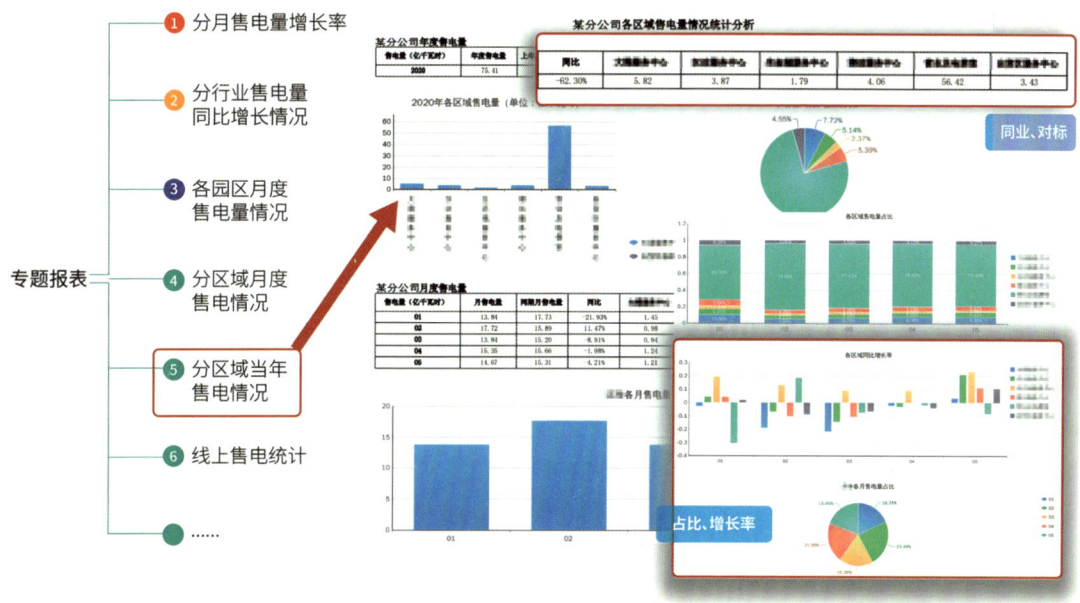

图 8-5 分区域当年售电情况

2.2.3 缺失数据线上填报

对于源数据尚未接入数据中台、无法自动生成的报表，采用线上填报、自动发布的方式完成报表制作（见图 8-6），将数创平台作为各专业填报、汇总发布和查看的唯一途径，有效实现了数据口径一致、出口唯一，避免了线下重复报送等现象。

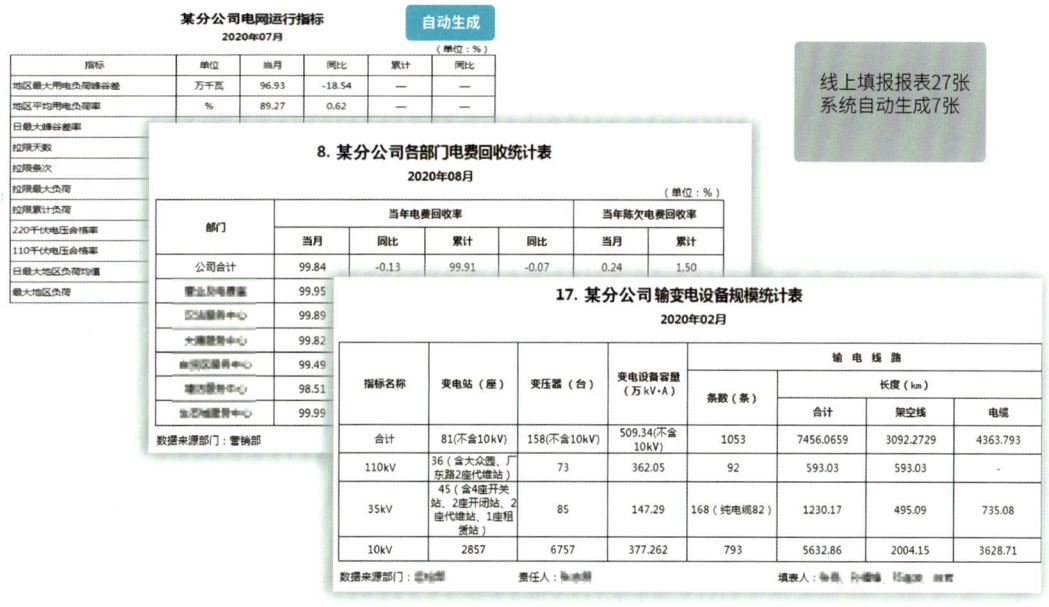

图 8-6 数据线上填报报表

3 价值成效

2019年底,该公司编制供电公司统计简报并上线发布,实现了线上填报、线上汇总以及线上发布,促进了公司管理能力提升,实现了基层减负增效。

3.1 管理提升

统计简报实现了数据填报及发布口径唯一,逐步替代线下打印、查看报表习惯,管理层查看的企业运营相关数据均来自数创平台,达到了业务部门管业务、数据部门管数据的业数分离效果,避免了数据冲突、口径繁多等问题。同时,通过建立数据共享共管机制,管理层仅从数创平台获取决策所需数据,倒逼专业数据治理,打通各个数据系统壁垒、精简报送流程,实现了"线下"手工汇总向"线上"流程编报的工作模式转变,提升整体工作效率70%。

3.2 基层减负

统计简报在数创平台上线后也减轻了基层反复报送的工作量,消除了数据前后矛盾的问题。同时为基层班组获取明细数据提供支撑,改变以往需通过业务系统后台导出明细数据、手动加工的工作方式,减少运维成本与工作时间浪费。经统计,每月可累计减少班组统计报送时间约20小时,提高了班组工作效率。

"读数用数"找问题 "提质提效"监测实

1 案例背景

1.1 业务现状

在电网数字化转型阶段,电力企业注重运用数据找问题、查原因、看成效,致力于将数字化理念融入企业的血液中去。国网天津电力以提升企业效益为目标,基于业务系统"一手"数据开展运营监测工作,及时发现公司经营活动中存在的异动和问题,定期发布监测主题,从数据中提炼更精准的业务见解,支持各单位业务高效决策,有效消除管理薄弱环节,实现各类风险"可控、能控、在控",提升整体战略规划水平,保障执行规范到位。

在公司召开的周安全生产例会和月度例会上,由互联网部发布监测主题,针对公司、专业、基层三级生产经营情况,实施监测分析、问题通报和整改督办,发挥专业激励作用,推动基层整改落实。

1.2 业务痛点

1.2.1 资料共享不通畅

资料归纳上,无统一方式和标准。资料的整理、留存和统计均依靠人工,缺乏信息化管理手段;资料管理不完善,监测资料保存在业务人员的手中,监测成果存在丢失、遗漏等风险。

分发应用上,无规范渠道和流程。监测主题在公司例会上发布后,主要以按需点对点的方式进行资料下发,基层单位应用时需要先与互联网部相应主题设计人员沟通,影响监测资料下发效率,导致业务自检不及时,极大影响监测主题应用效果。

1.2.2 监测分析效率低

公司传统监测点提取需经过抽取数据、异动统计、分析展示等步骤,逻辑复杂且操作难度高,易出现人工错误等问题,导致监测分析效率偏低,不能满足监测内容不断丰富、监测频率逐步增加的要求。

1.2.3 经验复用进展差

公司的监测主题已基本形成，不断沉淀监测点、异动规则、过程数据、监测结果等内容，但沉淀内容目前未对基层单位开放，监测主题成果的再利用局限性高，与数字化企业共享应用的理念有所偏差。

2 主要做法

2.1 解决思路

目标：搭建自动化可穿透的监测主题看板。

思路：如图 9-1 所示，基于数创平台搭建监测主题看板，并与公司门户集成，按权限主动推送周、月例会主题信息，实现异动数据、监测材料一键下载。同时基于发布主题的监测规则进行数据固化，按期推送异动明细数据，辅助基层单位定位业务执行问题，支撑管理决策。

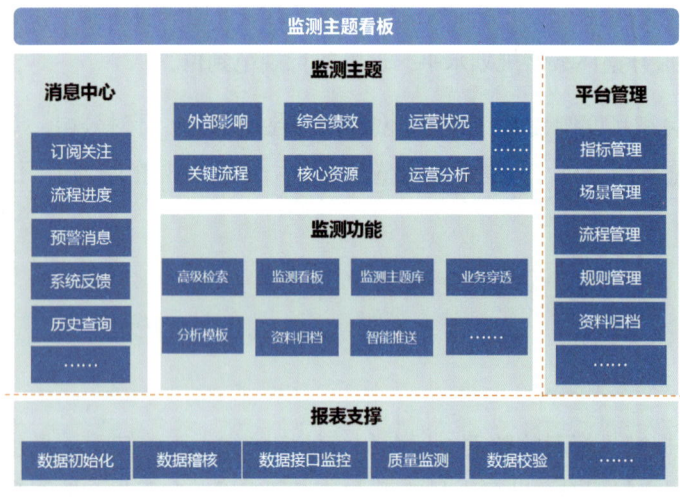

监测主题：指根据相应业务主题的标准和规范所确定的需要进行监控的对象。基于"五大"业务与"人、财、物"等业务，所设计的原则是利用数据说话、定位问题、措施有用、持续提升。

监测功能：保证运营监测系统的稳定运行，同时有效提高资源的利用率。

消息中心：采用图形化的方式展示各类信息，及时接收订阅，保证关键信息不错漏。

平台管理：对报表进行快速维护，支持报表、指标灵活设计，实现前端到底层的完整调用，从而保证监测中心的可扩容可扩展性。

报表支撑：支撑管理涉及数据稽核、数据接口监控、数据质量监测和质量报告。

图 9-1 监测主题看板结构图

监测主题看板可对复杂的显示信息进行智能化管理，便于指挥中枢准确、实时、全面掌握各方面信息，做出正确的决策，提高宏观和综合分析能力，为经营管理决策提供参考。

2.2 解决过程

监测主题发布内容重点围绕安全生产、电网建设、资产经营、优质服务等方面，聚焦专业部室、基层单位指标完成情况、业务执行情况、风险防控情况等内容。应用业务系统"一手"数据开展统计、分析，并以图文并茂的形式进行呈现，为公司各级管理层人员提供辅助决策支撑。具体解决思路如图 9-2 所示。

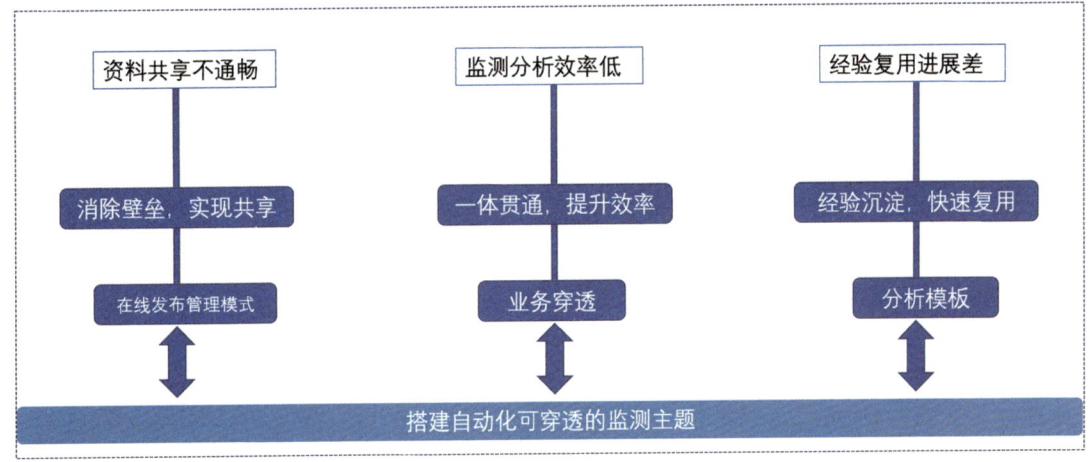

图 9-2　监测主题看板解决思路

2.2.1 打通共享壁垒——构建在线发布管理模式

如图 9-3 所示，通过构建在线发布管理模式，扩大监测主题影响，实现监测主题的广泛推广，面向全公司共享监测主题资源，基层覆盖率达 100%。

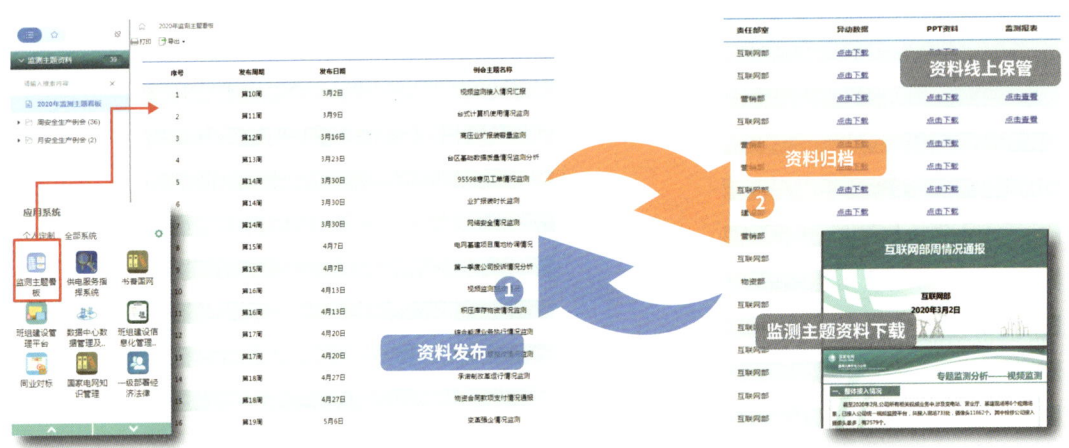

图 9-3　在线发布管理模式功能图

（1）畅通资料共享通道。以监测内容共享为目标，基于数创平台将监测主题资料通过监测主题看板进行在线发布，借助统一权限系统将监测资料、监测数据按角色权限进行共享输出，方便监测主题使用者快速查阅监测内容。

（2）提供资料归档功能。以监测资料有序管理为导向，将监测资料进行线上统一保管，形成监测资料多维统计看板，方便对监测成果进行梳理分析。

2.2.2 提升分析效率——业务穿透自动化

如图 9-4 所示，细化监测主题分析，实现监测主题的核心监测点下钻，直观呈现异动问题的明细信息。

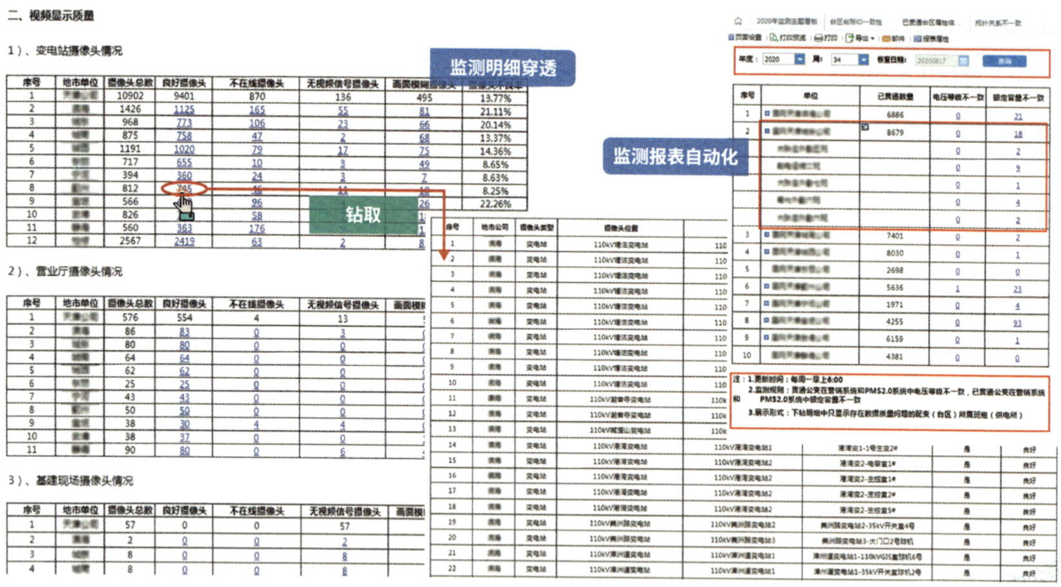

图 9-4 业务穿透自动化功能图

（1）以监测明细穿透为目标，实现监测分析结果数据自助获取，依据监测点的数据逻辑，生成监测规则中间表，支撑监测点明细数据访问。

（2）以监测自动化为目标，结合主题相关业务点的监测规则，设计各监测点的分析频度、分析维度、展示图表类型等内容，基于公司数创平台进行监测主题固化应用，实现监测报表自动化。

2.2.3 深化经验复用——提炼通用分析模板

以监测成果复用为导向，把数据资源给到业务人员的同时也提供便捷的分析工具。通用分析模板功能图如图 9-5 所示。

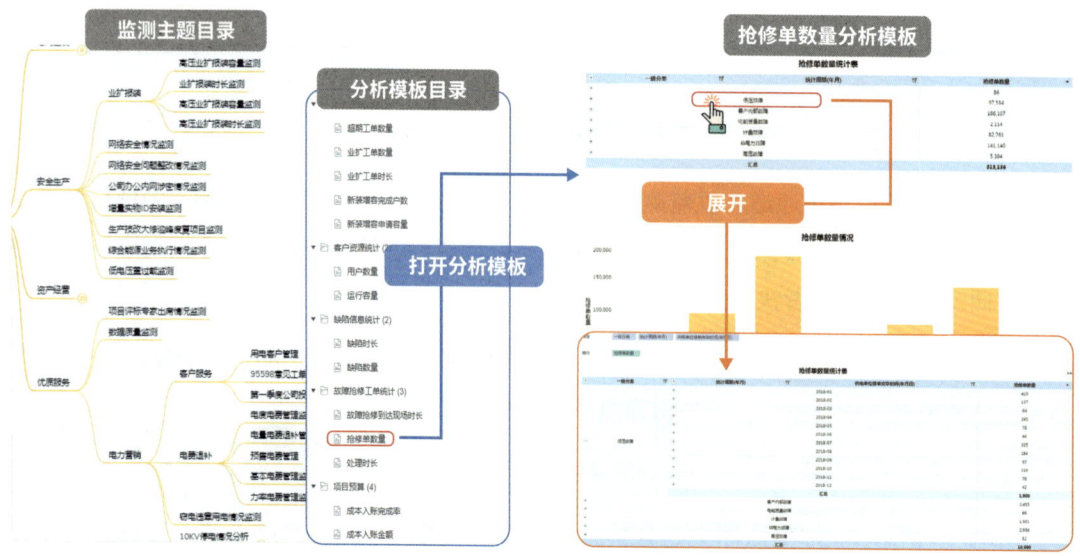

图 9-5 通用分析模板功能图

（1）提供中间表：将监测数据中间表进行固化，形成通用型分析模板，把设计资源分享给业务人员。

（2）提供分析工具：业务人员可使用自助拖拽工具，对监测中间表及监测结果进行二次加工分析。

3 价值成效

3.1 影响扩大

扩大监测主题影响范围，实现监测主题的广泛推广，面向全公司共享监测主题价值，基层覆盖率达 100%。

3.2 效率提升

提升监测主题效率，实现常态监测分析工作从"源头数据归集"到"结果统一输出"全过程的自动化，主题生成效率提升 60%。

3.3 整改提质

细化监测主题分析，实现监测主题的核心监测点下钻，直观呈现异动问题的明细信息，异动整改率提升 40%。

3.4 价值延伸

延伸监测主题价值，实现监测主题成果的中台化应用，发布 16 个监测分析模板，支持对业务的二次分析应用。

核心指标实时掌握
管理质效再创新高

1 案例背景

1.1 业务现状

按照上级相关工作安排,某公司于 2016 年成立地市级运营监测(控)中心,以期在指标监测领域充分发挥"千里眼、顺风耳、铁算盘、预警机"的作用,为企业运营发展保驾护航。运监中心成立以来,通过对企业运营关键指标进行日常监测和异动告警,在一定程度上推动了专业管理的质效提升。但由于公司各专业信息系统多,业务数据分散,数据来源不一,仍然存在指标异动聚焦差、数据问题溯源难的现象,同时通过人工统计计算的工作方式,不仅工作效率低而且影响数据准确性。

在"大云物移智链"等新一代信息技术的驱动下,数字化和智能化将成为企业未来发展的重要方向,带动传统管理模式迭代升级。该公司企业级核心指标监测模式亟待顺应企业发展潮流,开展数字化升级改造。

1.2 业务痛点

1.2.1 数据质量低

当前,公司业务系统繁多,指标数据统计口径不一,报送需求多变,各专业数据由本专业自行管理,跨部门取数依然采用线下人工报送的方式,手工计算工作量大,大大降低了数据传递的及时性与统一性,增加了数据统计错误的风险,数据质量难以保证。

1.2.2 数据归口难

公司管理层查看公司级运营数据无统一、固定平台,各系统间缺乏有效的数据共享共管机制,仍需各专业定期从业务系统中手动导出、汇总整理并逐级报送,时间冗长、流程复杂,不仅增加了基层单位工作量,也不利于运营数据的及时呈现,更不符合大数据时代数据敏捷迭代的发展要求。

1.2.3 数据应用差

受制于各业务系统间无法直接传输数据,部分专业在分析指标发现问题时,无法第一时间定位症结所在,而明细数据的导出还需依赖管理后台,大大降低了基层开展数据分析的积极性、主动性。

2 主要做法

2.1 解决思路

目标: 利用数创平台开发指标驾驶舱(见图10-1),实时全面反映企业运营核心指标变化情况、持续丰富监测维度,助力公司科学精准决策。

思路:

(1)按四大维度开发核心指标池:从经营绩效、电网运行、电网建设、优质服务四大维度进行关键指标开发,全面直观地反映企业运营状况,实现"指标一张图"的构想,提供指标辅助决策功能。

(2)指标实时在线更新:依托数据中台的数据汇聚功能,实现指标的同期自动更新,减少线下报送量,统一数据口径,推进业数分离。

(3)支持指标分类下钻及明细数据获取:对部分关键指标进行下钻开发,丰富监测维度,高效定位异动问题。同时根据专业要求,可导出后台明细数据,为基层数据分析工作赋能。

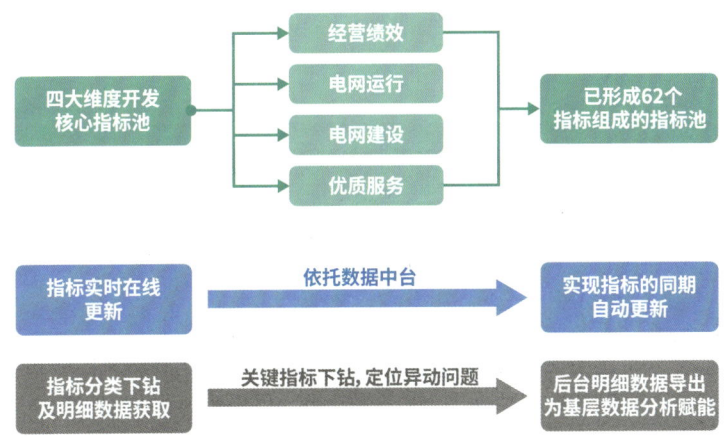

图10-1 指标驾驶舱开发应用逻辑图

2.2 解决过程

为全面直观地反映公司运营情况,该公司从经营绩效、电网运行、电网建设、优质服务四个维度选取企业核心指标62个,涵盖7个业务部门,涉及15个专业、10个业务系统,主要为公司周例会、月度例会、经济活动分析会、对标分析会提供数据来源，同时为专业工作的开展提供明细数据。借助数据中台的数据汇集功能实现指标同期自动更新，为公司管理决策和督办工作的开展提供辅助支撑。

2.2.1 按四大维度开发核心指标池

如图 10-2 所示，梳理各专业中反映公司运营状况的关键指标，形成核心指标池，按经营绩效、电网运行、电网建设、优质服务四方面进行归类。同时对部分指标进行同环比分析及下钻研究，显示公司运营水平的变化趋势，应用数据中台实时接入数据，支撑对关键指标值及异动情况的整体把控。

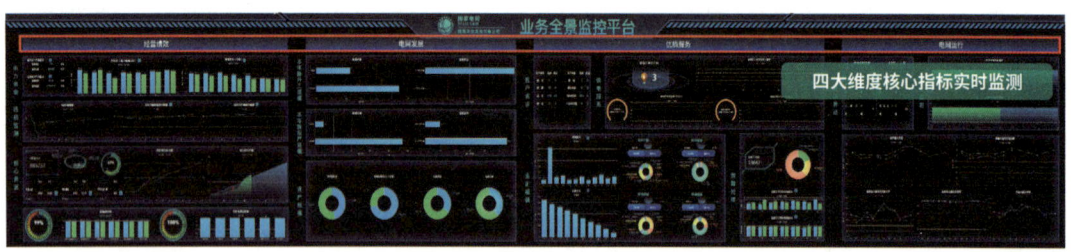

图 10-2　指标驾驶舱业务全景监测图

2.2.2 指标实时在线更新

该公司借助数据中台建设成果、利用数据汇聚功能实现指标驾驶舱中常规指标同期自动计算更新，如图 10-3 所示。62 个核心指标中已有 41 个指标实现了在线同步更新，无法自动取数的关键指标也已在后台完成数据溯源与逻辑关系梳理，可以利用公式实现自动计算，减少了线下人工计算修改及逐级报送的工作量。公司决策层可在任意时间登录系统查看企业运营情况，有效保证了指标数据获取的及时性、准确性。

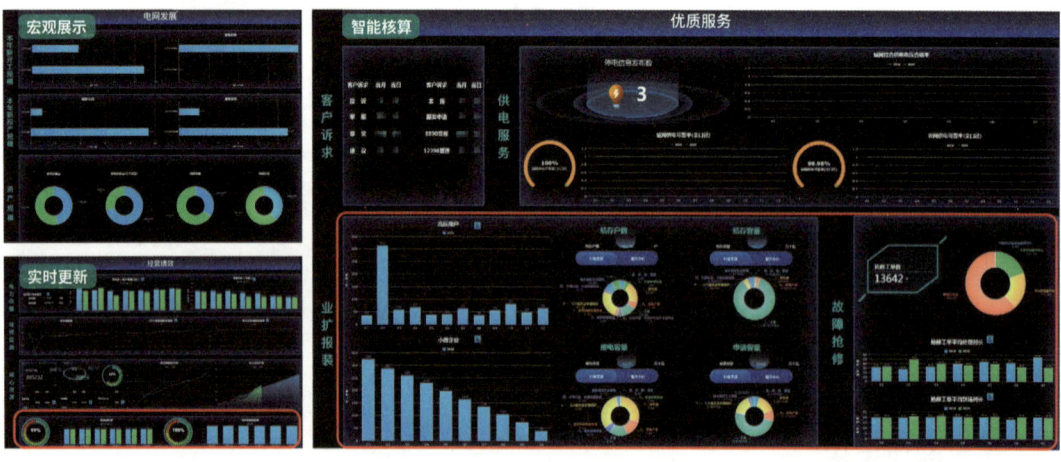

图 10-3　指标驾驶舱实时更新功能图

2.2.3 支持指标下钻及明细数据获取

该公司选取部分指标进行了一级或二级下钻处理（见图 10-4），对专业统计需要且数据质量较好的指标进行明细数据导出功能设计，业务人员可直接将所需明细数据以 EXCEL 表格形式导出保存，直接定位异动问题，大大降低了基层员工获取一手数据难度，提高了基层工作效率，节省了人力成本。

以"故障平均处理时长指标"为例，该指标为大型供电企业同业对标及国网天津电力同业对标的双料指标。在进行指标下钻设计时，充分考虑实际业务应用需求，一级下钻按各供电服务中心进行分类，后台自动计算得出"处理时长"，决策层可直观了解各供电服务中心的抢修水平；二级下钻中兼顾基层分析及专业管理双重需求，提供近 16 个月该项指标的完成值，直观展现该项指标变化情况。针对出现短板的月份，各专业可进行更精准地分析，采取更有效的改进举措。

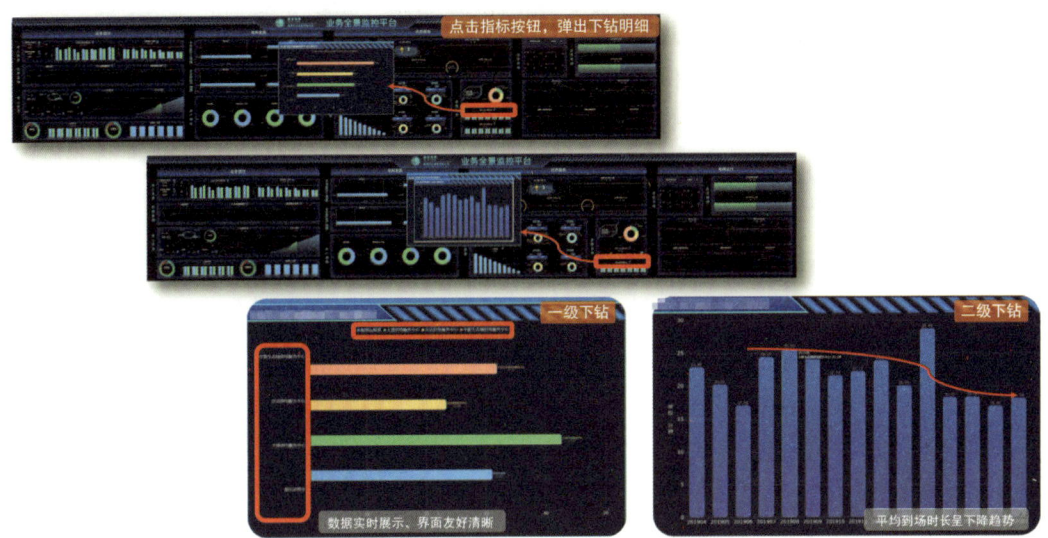

图 10-4　指标驾驶舱明细下钻功能图

以营销部"重点大用户售电量情况统计"为例，该项指标每月均需进行 3 次及以上报送，传统的处理方式是，在营销业务应用系统（简称 SG186 系统）中输入户号逐户查询后再汇总，由于部分用户存在多个户号，汇总工作量大且容易出现人工统计误差。利用指标驾驶舱自动生成汇总后，用户可直接获取重点大用户该月售电量及同环比变化情况，同时可一并了解售电量行业类别及部门分布情况，该指标单次报送工作时间由原来的 4 小时缩短至 3 分钟，工作效率提升 98.75%。

指标驾驶舱也在辅助管理决策方面带来一定成效。如售电量指标的开发，丰富了监测维度，打破传统统计中只呈现售电量同环比变化的情况，加入行业、部门及重点大用户售电情况，监测维度更立体更全面。同时基于"指标一张图"的构想，决策层在参考该指标时还可对应查看售电量与线损、负荷变化、投产规模的关系，有效定位异动，如图 10-5 所示。

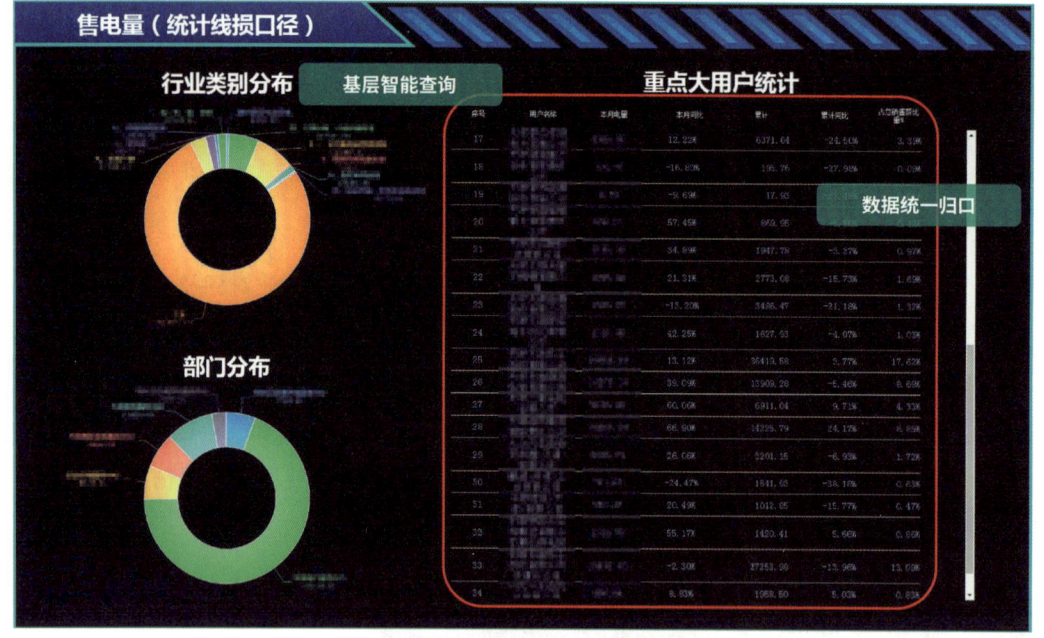

图 10-5　指标驾驶舱智能查询功能图

3　价值成效

该公司于 2019 年底完成指标驾驶舱设计开发工作，已在公司决策层及 7 大业务部门推广应用，登录指标驾驶舱可进行核心指标数据的实时查看，对改善原有业务管理成效显著。通过减少业务部门线下整理报送环节，确保业数分离，推动专业数据治理工作开展。对公司重点业务数据深挖分析，聚焦数据变化原因，有效定位异动问题，提供了有力支撑。

3.1　基层工作减负

指标驾驶舱的深化应用，减少了数据的重复计算量，最大限度规避了人工统计错误的发生，实时直观地反映指标变化情况，快速定位异常数据，分析解决问题。明细数据的便捷获取给基层管理分析工作的开展节省了大量人力，减轻了基层工作负担，同时更在一定程度上助推了各专业良好数据使用习惯的形成和数据使用思维的转变。

3.2　管理质效提升

指标驾驶舱可自动、及时生成企业运营情况核心指标表，数据精准、呈送及时，为公司决策层开展经营管理提供了有力支撑。同时，汇聚多个业务系统数据，多方面丰富监测维度，统一归口输出，大大减少了通过人工线下计算报送的人力成本，避免了合并计算数据的误差产生。该平台应用后，传统的指标数据报送模式得以改变，由数据管理部门通过专门的平台汇总发布数据，真正实现了"业务部门管业务、数据部门管数据"，业数分离带来企业管理质效的进一步提升。

案例 11

内网随身行
移动 PDA 报表应用

1 案例背景

1.1 业务现状

某公司共有六个变电运维班组，平均每个班组负责十余个变电站管理。日常工作中，变电站的照明损坏、屋顶漏雨等附属设施缺陷管理是变电运维的基础工作，所有变电站每周至少要巡视一次。若变电站附属设施缺陷不能及时处理，则可能会导致缺陷扩大，对电力设备带来重大损害，影响变电站正常的工作。

目前该公司的设备管理系统中并没有完整的变电站附属设施缺陷（简称为附属设施缺陷）管理功能，实际工作仍然采用外网手机拍照、短信通知、安全 U 盘保存到内网、微信建群等传统管理手段，缺少流程化的管理方式，而且几乎没有汇总归纳、实时分析的手段和条件，工作人员很难跟进缺陷处理情况，更难以实现对缺陷的有效统计、分析。

1.2 业务痛点

1.2.1 变电站附属设施缺陷登记地点受限

针对变电站附属设施缺陷登记，没有便于连通内网的数据记录设备，工作人员在工作现场发现变电站附属设施缺陷，不能将缺陷信息实时录入内网系统，需要从工作现场返回单位，通过安全 U 盘将外网手机拍摄的照片及附属设施缺陷信息录入到内网环境中。整个过程烦琐，工作人员需来回奔波，信息登记受地点限制，时效性差，严重影响工作效率。

1.2.2 变电站附属设施缺陷数据查询难

现有的附属设施缺陷登记数据分散，没有统一的数据管理系统，难以快速查询定位已知缺陷。运维人员在巡视变电站时，无法根据当前已知缺陷列表开展针对性重点巡视，甚至存在遗漏巡查的可能性。

此外，上报附属设施缺陷维修计划时，缺少全流程管理的方式和工具，存在已知缺陷难以统计、处理缺陷难以跟进、完成缺陷没有审核、新发缺陷无法查询等各类问题，业务数据管理混乱。同时现有附属设施缺陷管理数据，很难直接共享给维修人员。

1.2.3 变电站附属设施缺陷问题分析聚焦差

现阶段附属设施缺陷数据均通过本地 excel 文件保存在内网计算机中，不同班组之间数据不能及时同步，无法从时间、类型等维度进一步开展数据分析和信息提取，很难实现统一的数据管理和问题分析，更无法与现有的工作票、试验计划等结合起来进行跨领域工作，缺陷信息的价值未得到有效挖掘。

2 主要做法

2.1 解决思路

目标： 构建以 PDA 报表为核心的变电站附属设施缺陷管理模式。

思路： 设计包括"发现—上报—修复—验收—归档"的全流程管理过程及操作模式，提高附属设施缺陷管理水平，如图 11-1 所示。

（1）附属设施缺陷登记：借助内网数创平台实现 PDA 移动端、内网计算机管理端的数据统一整合，以 PDA 移动端作为各班组统一录入数据的入口，实现附属设施缺陷信息及时登记，规范管理附属设施缺陷数据信息。

（2）附属设施缺陷移动查询：通过开发 PDA 端查询报表入口，实现现场移动查询已知缺陷信息，便于重点巡视。

（3）附属设施缺陷扫码通知：设计 PDA 移动端附属设施缺陷记录外网展示方式，实现附属设施缺陷信息通过扫码发送至外单位人员，达到与物业公司及时沟通的良好效果。

（4）附属设施缺陷统计分析：分别设计符合 PDA 移动端和内网 PC 端双平台浏览需求和使用的报表，实现与业务系统数据联动，满足附属设施缺陷的统计分析功能，使附属设施缺陷不仅仅停留在数据记录层面，让数据发挥更大价值。

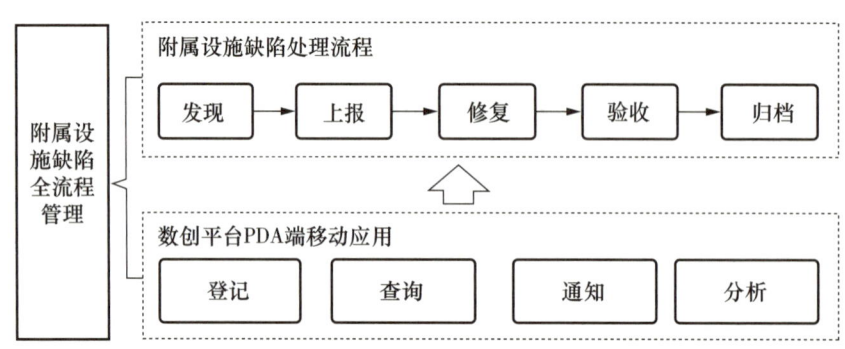

图 11-1　变电站附属设施缺陷管理逻辑图

2.2 解决过程

2.2.1 深度调研，合理设计 PDA 移动报表应用各项功能

2.2.1.1 设计满足内网移动填报需求

如图 11-2 所示，通过实地深入调研变电运维班组工作需求，详细掌握运维人员在巡视过程中需要管理的附属设施缺陷种类、逻辑关系及缺陷处理流程。有针对性地设计适用内网移动填报需求的报表模板，并支持一键拍摄功能。同时，为满足 PC 端登记附属设施缺陷，充分考虑系统易用性、安全性，同步设计 PC 端报表，与移动端应用有效互补，可保证附属设施缺陷的各管理环节均在内网，满足实际工作需求，也为后续工作有序开展提供了坚实基础。

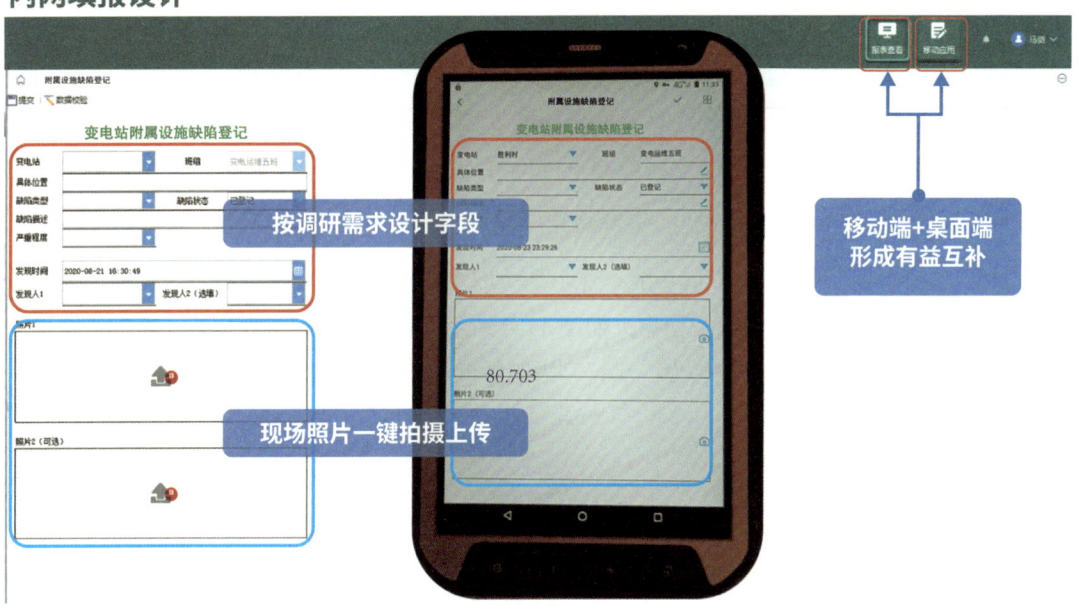

图 11-2 PDA 移动端、PC 端报表内网填报功能图

2.2.1.2 设计满足查询需求

在实际运维工作中存在两种管理需求，一是变电站移动巡视，需要利用 PDA 移动端查看当前变电站已发现的缺陷，从而能够快速精准定位，满足"检索当前变电站已知缺陷"的需求，根据这些缺陷进行有针对性的巡视；二是需要在内网 PC 端进行缺陷的统计分析和管理。

针对以上两种情况，分别设计不同布局方式满足不同平台的查询需求。如图 11-3 所示，移动端采用卡片布局的技巧，充分考虑了移动端界面设计的友好度和易用性，满足了业务需求；基于同样的数据在 PC 端采用行式布局设计，这种布局可以一目了然地显示很多信息，便于进行数据纵向、横向比较，有助于开展数据分析，深挖数据问题，体现数据对业务支撑价值。

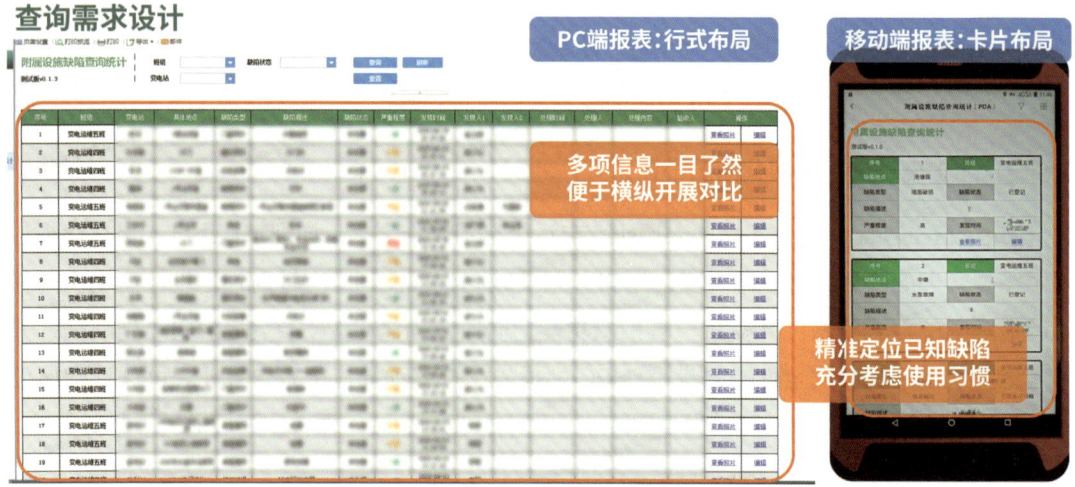

图 11-3　PDA 移动端、PC 端报表查询需求功能图

2.2.1.3 设计满足外网报送需求

部分附属设施缺陷需要系统外专业人员协助处理，但附属设施缺陷数据均在内网存储管理，传统工作模式需使用安全 U 盘将数据从内网导出，保存到外网计算机再转发，整个过程很烦琐，而且附属设施缺陷较多时，很容易造成数据错乱，还存在信息安全隐患。

针对上述问题，设计了二维码功能，登录系统进入缺陷详情页面便可看到缺陷描述的二维码，用外网手机直接扫码就能获取信息，如图 11-4 所示。相比于传统工作模式，新的方案只需要"扫码 + 发送"即可完成数据转发，满足了缺陷数据外网报送的需求，工作效率显著提升。

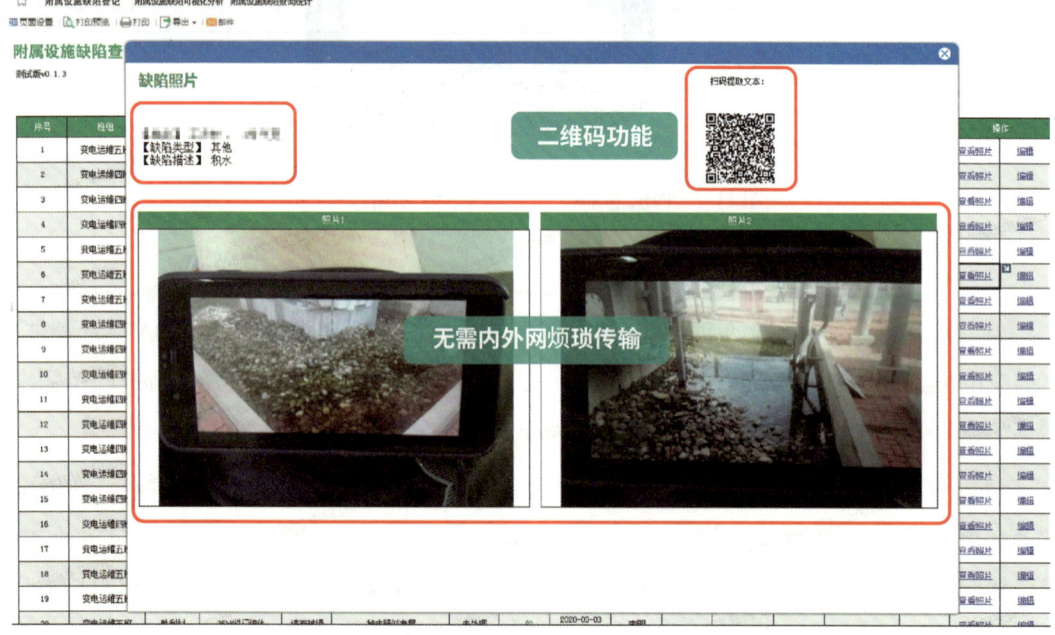

图 11-4　PDA 移动端缺陷外网报送功能图

2.2.2 设计实现附属设施缺陷全流程管理

附属设施缺陷不仅需要规范统一基础数据登记入口，更需要实现"发现—上报—修复—验收—归档"整个业务流程闭环管理。PDA 报表设计增加了针对流程状态的管理功能，如图 11-5 所示，工作人员巡视时，可以按照不同缺陷状态，开展针对性巡视，尤其可对标记为"已处理待验收"的缺陷进行现场查看和管理，对缺陷进展进行现场确认，同时在内网计算机也可直接修改具体缺陷流程进展、补充验收意见等重要信息。该项功能设计实现了附属设施缺陷实时在线全流程管理，使附属设施缺陷的处理效率大大提升。

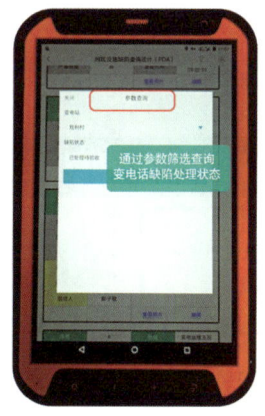

图 11-5　PDA 移动端流程状态管理功能图

2.2.3 设计实现附属设施缺陷数据跨系统联动

为了充分发挥数据价值，PDA 移动应用未局限于自身功能设计，还设计附属设施缺陷管理跨系统数据联动。从变电运检室整体业务出发，实现了自动生成缺陷可视化分析报告，如图 11-6 所示，可自动统计分析工作票报表，在后台自动完成工作量分析、积分计算等工作。通过此功能可实时掌握变电站近期工作安排，实现附属设施缺陷管理更规范、更智能的工作目标。

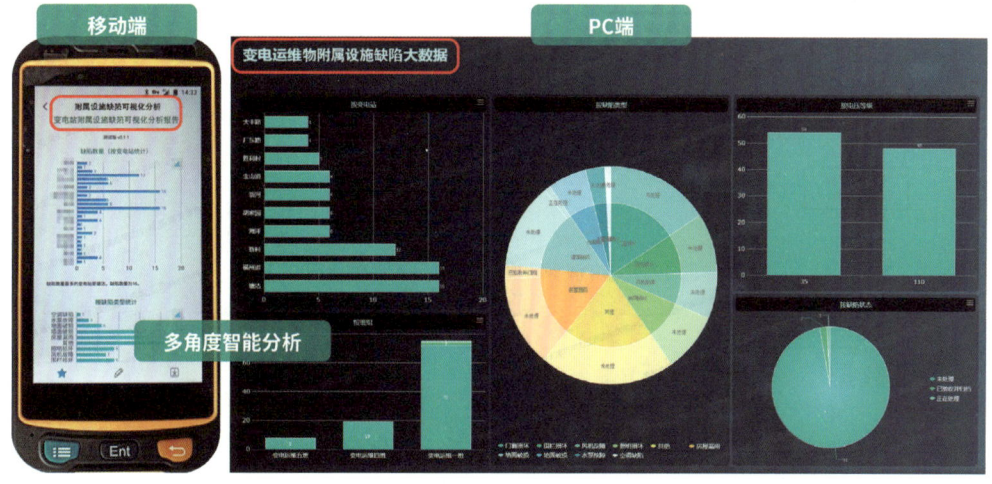

图 11-6　数据可视化分析报告展示图

3 价值成效

移动 PDA 结合内网数创平台的附属设施缺陷管理新模式，针对变电运维过程中的业务痛点进行相关功能设计，贯通附属设施缺陷全业务管理流程，解决了数据散乱、归口不一的难题，实现多业务数据跨系统联动，管理效率提升 50% 以上，数据录入等部分环节的效率甚至提升超过 90%，拥有极大的实用价值。PDA 移动端应用前后流程对比如图 11-7 所示。

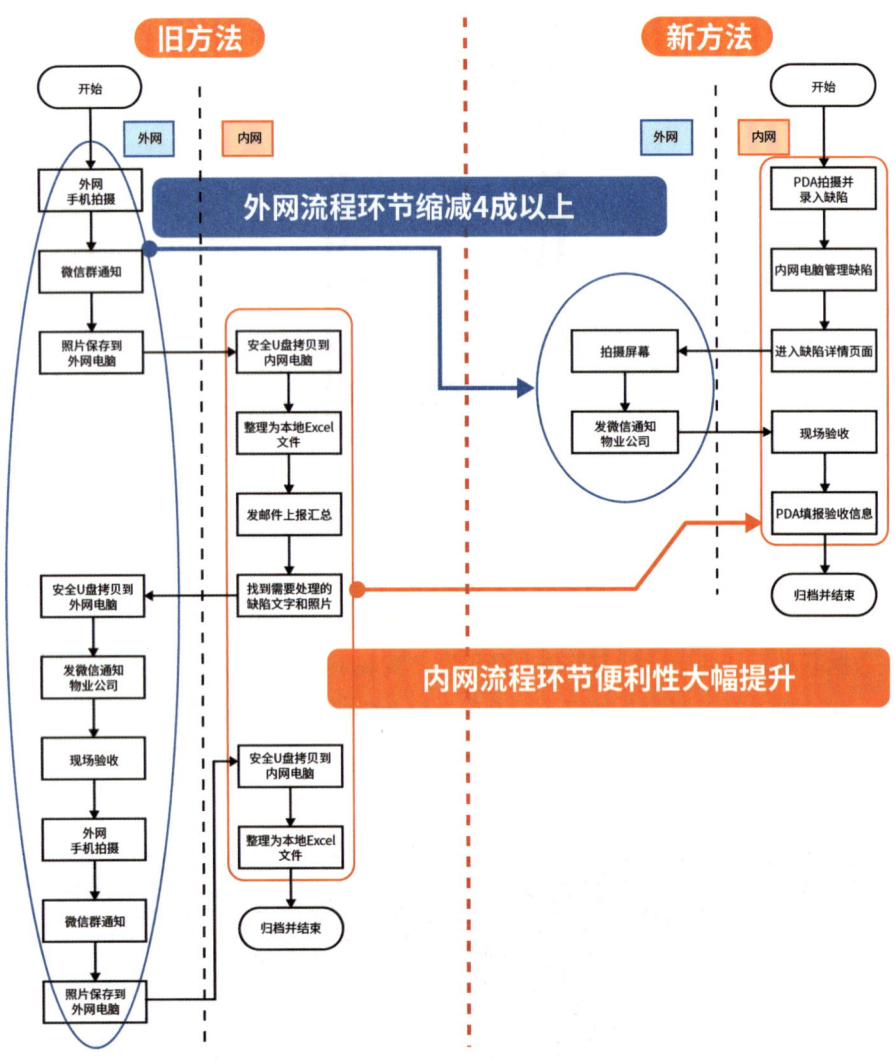

图 11-7　PDA 移动端应用前后流程对比图

3.1 汇数据

实现了变电站附属设施缺陷管理数据统一汇聚，管理效率显著提升，相比于传统外网拍摄、安全介质转存、内网存储、邮件汇总的方式，节省了超过 90% 的工作时间。

3.2 易检索

实现了附属设施缺陷移动端检索,变电站日常巡视更有针对性,保证了对附属设施缺陷的实时掌控。该功能属于创新性设计,实现了从无到有的突破。

3.3 利传送

实现了附属设施缺陷信息快速分享,相比于传统的内网存储、安全介质转存、外网计算机读取、微信转发的方式,只需"拍照+发送",工作效率提升9成以上。

3.4 通全程

实现了附属设施缺陷的全流程管理,附属设施缺陷管理全程可控,有效推动了重要缺陷及时处理,相较传统管理模式,工作效率提升50%。

3.5 多联动

实现了变电多业务数据联动,便于开展数据深度关联分析,为后续工作的合理安排和有效推进打下基础,综合管理效率大幅提升。

案例 12

数随我行
通信移动运维报表应用工具

1 案例背景

1.1 业务现状

某公司运维工作现场覆盖天津全境 1 万多 km^2，运维辖区内有 95 座 220kV 及以上变电站，4600 余 km 光缆。为保证电力通信网安全稳定运行，运维人员平均每天要完成 3~5 项运维现场的计划检修工作，每周要处理 10 项左右的应急抢修工作，处理每一个检修都要提前查阅相关运行数据，为即将开始的检修工作做好准备；检修结束还要把新增或变更的数据记录下来，以便工作结束后上传至内网系统审核。日常运维工作紧迫性强、涉及地域范围广、业务数据量大，传统的工作方式不够便利智能，不足以便捷地支撑运维工作。

1.2 业务痛点

1.2.1 数据反馈难

每次检修作业结束后，运维人员需要把新增和变更的数据，通过电话汇报给信通调控值班人员，信通调控值班人员需要根据口头叙述进行临时记录，而正式数据要等到通信运维人员返回单位登入系统后，才能进行同步确认。数据反馈过于传统，很容易因人为疏忽造成无法准确记录的问题。

1.2.2 数据应用差

通信运维业务数据量大，数据零落分散，业务关联性弱，虽然有大量数据，但未能充分发挥其价值，数据应用性有待提升。大量的运维数据无法最大限度地支撑运维工作。

1.2.3 数据获取慢

通信运维人员在现场检修时如果接到需紧急处理的突发故障抢修指令，要先返回工位，登录内网系统，才能查询到抢修需要的设备信息，然后再对故障情况进行分析判断。做好准备后再驱车前往现场进行处理，整个过程获取业务数据链条长，大幅增加抢修工作的时间，影响抢修效率。

2 主要做法

2.1 解决思路

目标： 构建手机端应用，实现以通信移动运维报表应用为核心的运维现场管理模式。

思路： 内外网数据安全交互逻辑图如图 12-1 所示。

（1）数据录入：借助内网数创平台实现内外网的安全交互，以智能手机为终端工具，用 i 国网—移动应用模块—通信移动运维，作为各班组统一录入数据的入口，实现运维现场业务数据的归口统一和高效管理。

（2）运行数据查询：通过通信移动运维应用，可以实现手机快速查询运行数据。

（3）历史数据智能诊断：通过通信移动运维应用，对历史数据进行快速统计、高效分析，辅助运维现场便利开展工作。

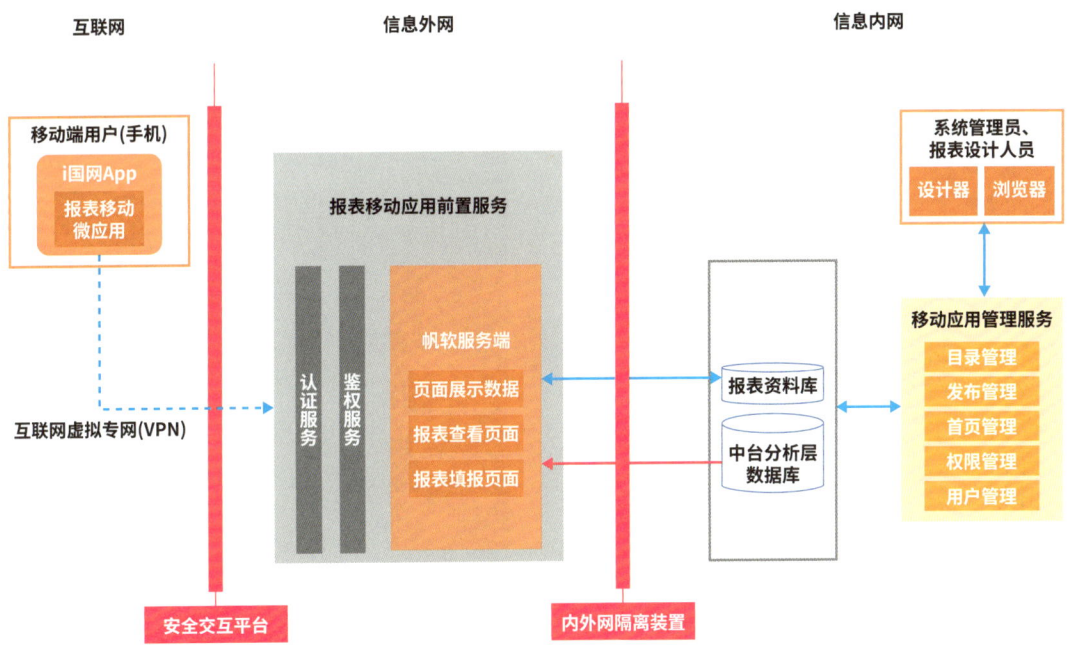

图 12-1 内外网数据安全交互逻辑图

2.2 解决过程

通过开展深度实地调研，针对实际通信运维工作过程中的业务痛点，合理设计通信移动运维应用报表各项功能，切实解决运维现场工作中的数据应用难题。

2.2.1 设计满足查询及录入需求

基于通信运维班组的现场工作情况,通过对所有通信运维班组进行实地调研,详细掌握通信运维人员在运维现场查阅数据、使用数据时的痛点和难点,了解到一线通信运维人员急需一种能够实现数据随时用、数据随身带的便携工具支撑工作开展。而智能手机刚好具备以上特点,且通过数创平台能够实现内外网安全交互,如图 12-2 所示,协助通信运维人员在工作现场进行数据便捷查询和快速同步记录。

 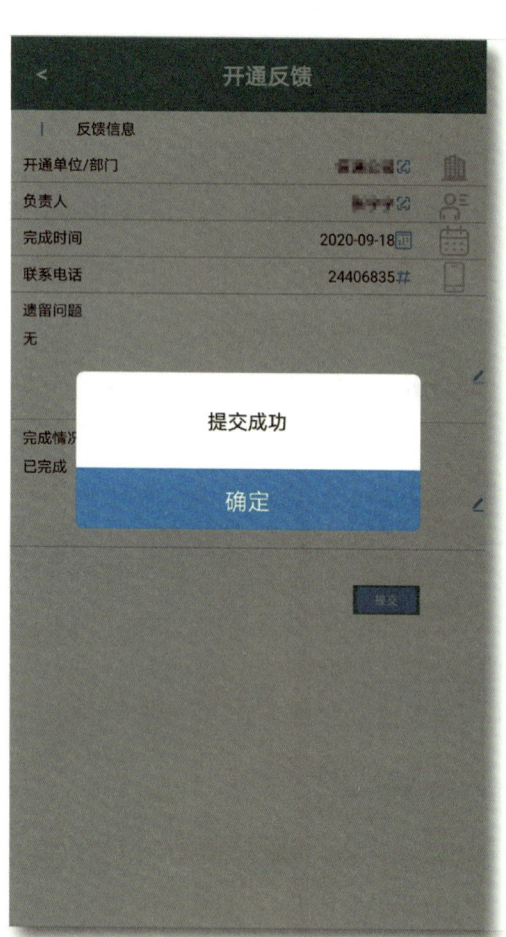

图 12-2　数据录入及提交界面截图

2.2.2 设计实现运维流程线上闭环管理

通信移动运维报表应用工具支持现场实时录入数据,并通过线上提醒功能,提醒信通调控中心值班人员及时确认信息,在线上进行具体运维流程管控、补充验收意见、核实变更信息并录入等操作。该项功能设计实现了运维流程线上闭环管理,大大提高了运维效率,如图 12-3 所示。

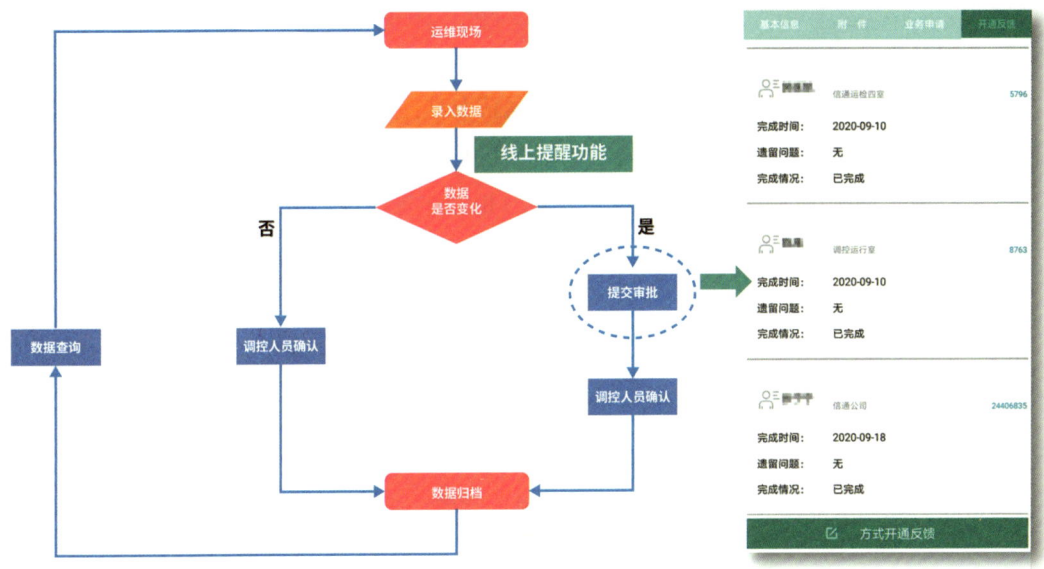

图 12-3　运维流程闭环管理及线上查看反馈结果截图

2.2.3 智能诊断辅助现场运维

现场运维工作积累了大量的运行数据，其中包括众多重要的运行信息，但由于数据量大，分类不明确，未能实现高效分析，数据实用性差。通信移动运维报表应用通过对各类检修工作单、故障处理报告等数据进行统计整理分析，如图 12-4 所示，实现智能诊断，辅助现场通信运维人员及时有效地采取措施应对突发事件，极大提高了通信运维人员的工作效率，实现了检修前的故障初步研判，增强了作业的规范性、准确性。

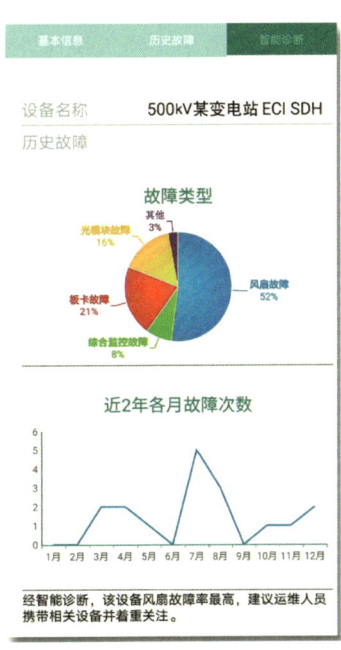

图 12-4　智能诊断辅助现场运维界面截图

3 价值成效

通信移动运维报表应用工具解决了现场数据获取难、反馈烦琐等问题，实现了数据实时反馈，大大缩短了数据更新时间，提高了数据的准确性，节约运维时间。通过对运行数据的整理分析，极大地提高了运维人员故障处理能力和操作规范性。该工具借助智能手机实现，具备极高的可推广性，可在电网检修、营销服务、物资供应、安全管理等诸多场景应用。

3.1 业务数据同步更新

当通信运维人员现场完成检修后，通过通信移动运维报表应用工具可立即对检修中产生变化的数据进行更新，调控值班人员在线核实，现场就能完成数据同步确认，这样避免了滞后上传造成的数据遗漏，大大提高了数据的及时、完整、准确性。

3.2 故障处理及时高效

接到应急抢修指令，通信运维人员即刻出发前往故障现场，在路上就能通过手机上的通信移动作业工具进行数据查询，到达现场立即开展故障处理，节省了之前反复奔波的时间。该公司平均每周会有 10 个工作现场，按每个现场平均车程 60 分钟计算，仅故障抢修每周就能节省 10 多个小时，不仅降低电网运行风险，也提高了运维效率，省时省力更安全。

3.3 历史数据实时掌握

通信运维人员在现场用手机就可以实现数据管控，可随时查阅设备检修历史和故障告警，实时掌握运维历史信息，有助于准确做出判断，快速处置突发事件。

高级篇

会当凌绝顶,一览众山小

本篇重点展示数据应用组合运用,如在功能模块、系统平台开发等方面的应用场景。

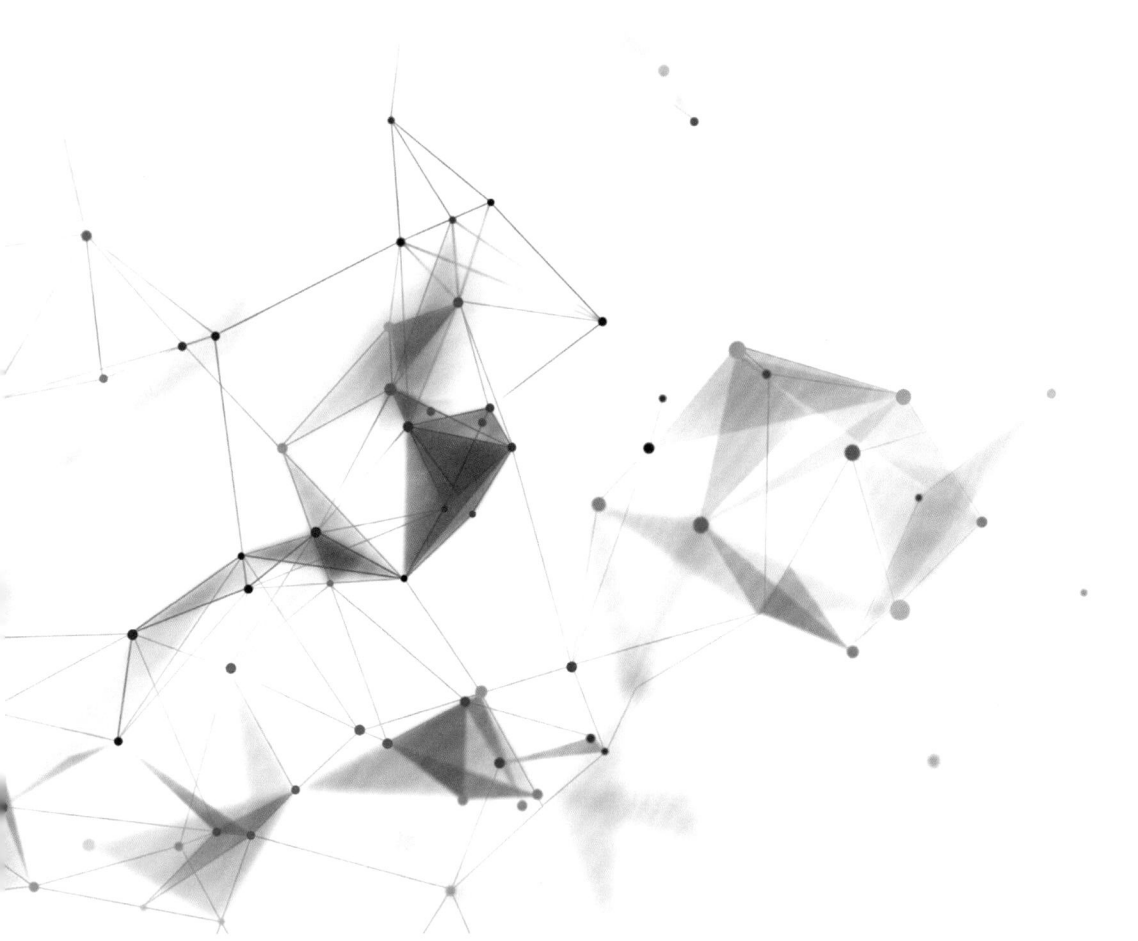

1 案例背景

1.1 业务现状

"放管服"改革是对权责配置的再优化、再调整,是促进生产力与生产关系相匹配的重要手段。国网天津电力借鉴天津市政府"一制三化"工作做法,将承诺制作为"放管服"改革的"方法论",全面推进承诺制改革,由"重审批"向"强监管、优服务"转变,力求实现"清单之外无审批,责任之内必践诺"。

"强监管"的大前提即"数据透明",传统的线下工作方式,信息公开共享不到位、不透明,容易造成"清单之外无审批"却不知清单为何物、"责任之内必践诺"却不知责任归属谁的现状。变革强企工程办公室需要利用新平台推进信息公开和共享,打通"承诺制"管理链条。

1.2 业务痛点

传统模式下纸质文件的流转,使得审批事项、承诺制改革事项清单、"双随机、一公开"检查结果以及信用积分等业务数据不能及时有效地呈现,审批标准更新、检查结果发布周期相对较长,长此以往,会产生诸多弊端:一是导致基层员工对业务发展、政策动向情况了解相对滞后;二是影响了各专业职责范围内审批事项监管工作的开展效率,且相应人员不能及时收到反馈并针对性做出调整优化;三是"信用"公开透明存在不足,部门、单位无法在线实时查看彼此"信用",不利于部门、单位之间自行横向对比,不能真正做到风险管控和责任精准落实。

2 主要做法

2.1 解决思路

目标: 数据化报表应用,打通"承诺制"管理链条。

思路： 如图 13-1 所示，依托数创平台，构建承诺制改革展板，利用报表功能搭建四大场景模式，建立数据共享共管机制，实现涵盖审批标准"透明"、监管模式创新、员工"信用"考核等机制线上运转模式，打通影响效率提升的"堵点""痛点"，实现业务数据公开透明，对"承诺制"形成有力支撑，形成线上线下一体化监管体系。

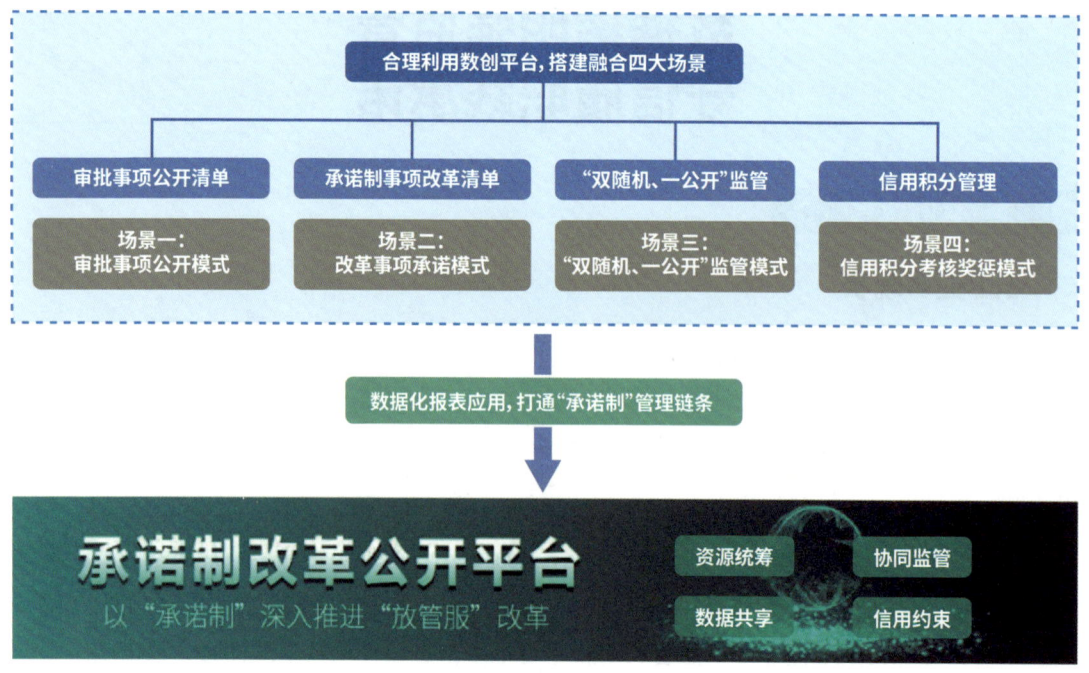

图 13-1　承诺制改革公开平台逻辑图

2.2 解决过程

搭建审批事项公开模式、改革事项承诺模式、"双随机、一公开"监管模式、信用积分考核奖惩模式四个场景，利用数创平台，明确审批流程，落实责任主体，界定业务边界，以承诺制深入推进"放管服"改革。

2.2.1 审批事项公开模式

随着以承诺制深化"放管服"改革工作的开展，国网天津电力坚持高效便捷，树立服务意识。在优化内部审批和服务流程方面，利用报表工具快速开发填报功能，收集统计所有审批事项的相关文本类信息，梳理其归口部门、审批部门、审批环节及依据制度、所需申请材料、申请时长等传统审批工作中的相关标准规范，并通过"审批事项公开清单"将其全部透明化，以报表应用的形式在承诺制公开平台上进行"晾晒"，如图 13-2 所示，赋予全员查看权限。通过权责分明减少了工作中的风险点，降低了基层员工办事"折返跑"的频次，打通了影响效率提升的"堵点""痛点""风险点"，真正意义上实现了"清单之外无审批"。审批事项填报功能如图 13-3 所示。

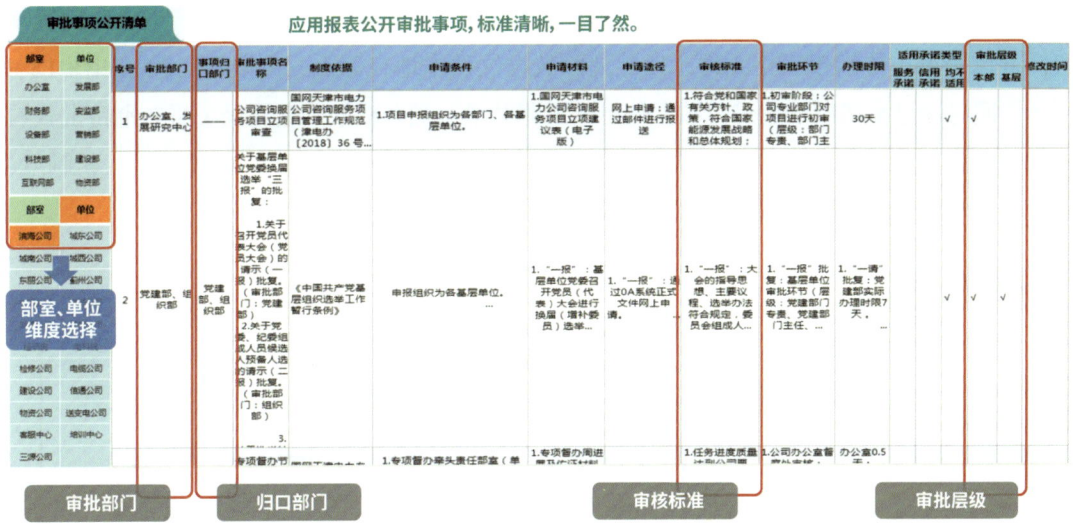

图 13-2　审批事项公开清单

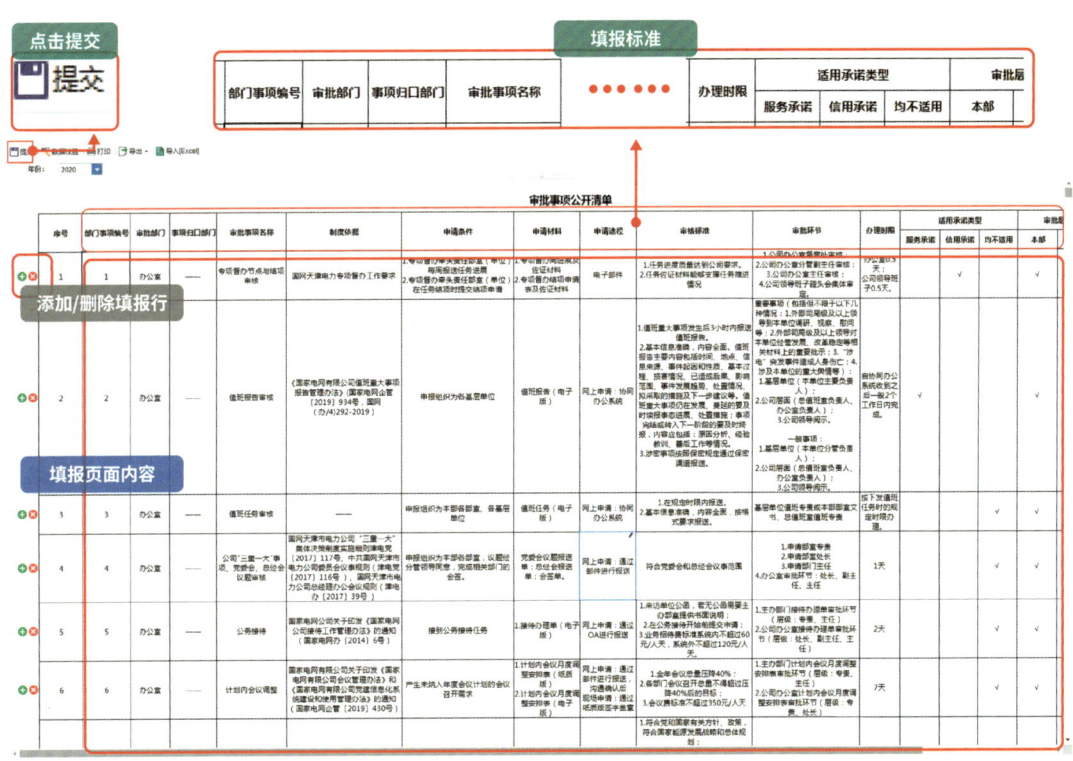

图 13-3　审批事项填报功能图

2.2.2 改革事项承诺模式

承诺制改革的工作原则即：坚持问题导向，以内外部人员业务办理便捷高效为目标，聚焦影响效率提升的"堵点""痛点"，创新应用承诺制方式解决问题，提高"放管服"改革的针对性和实效性。基于数创平台的应用，通过报表工具，线上获取本部、各基层单位的改革事项清单表,各级单位在清单表格上传页面可自主添加和编辑部室名称、发布时间等字段,并可一键上传清单表格文件,以此消除数据文件本地存储孤立分散的问题,如图 13-4 所示,同时通过承诺制展板进行数据信息的透明共享,拥有权限的公司员工可在平台上查看到由报表自动生成的所有改革事项。与此同时,员工还能即时查看公司的新政策、新制度、新流程,从而彻底解决信息发布与获取相对滞后的问题。

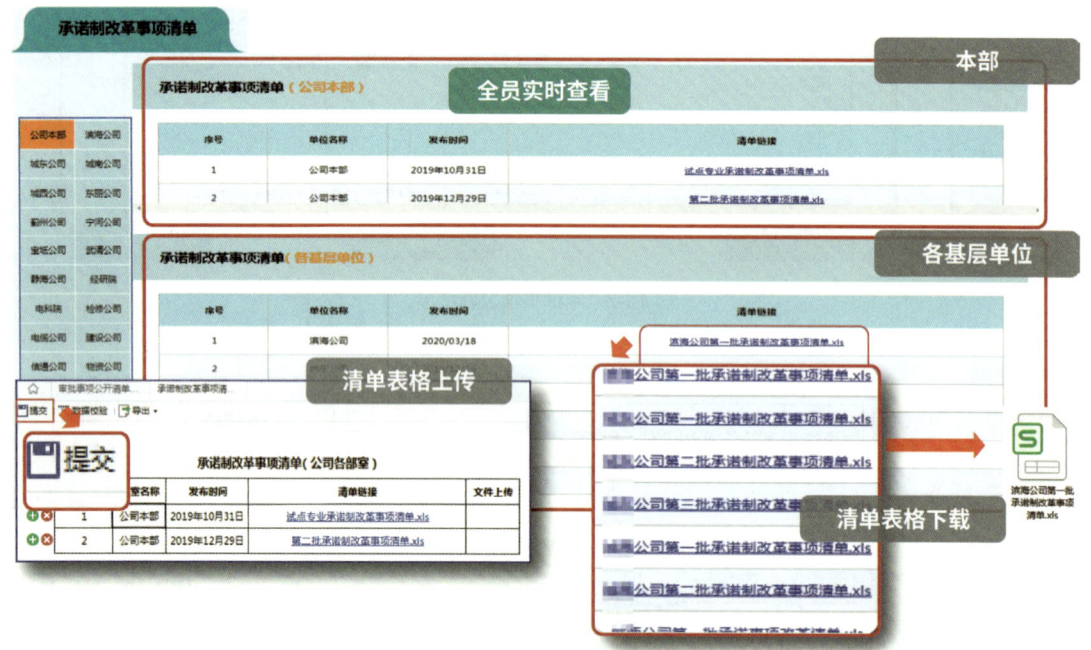

图 13-4　改革事项承诺模式功能

2.2.3 "双随机、一公开"监管模式

在承诺制改革中实施"双随机、一公开"监管模式,即在监管过程中随机抽取检查对象,随机选派检查人员,抽查情况、结果及时对外公开。明确事中事后核查方式、核查标准、核查周期,公司研究制定通用核查标准和要求。服务承诺事项由公司第三方监管部门对审批部门(单位)服务承诺履行情况进行事中事后监管,发现违反承诺行为责令进行改正,并可对相关部门(单位)负责人员进行追责。

如图 13-5 所示,利用报表填报录入、平台展示的方式,实现了真正意义上的随机抽取、随机选派,达到协同监督这一目的。将全流程检查结果展示在承诺制展板上,还可查看具体检查情况的明细表,实现检查结果能查询、有监管、可申诉,将承诺兑现、履职守信评价过程透明化,以公平公正的管理模式促进企业健康有序地发展。"双随机、一公开"填报功能图如图 13-6 所示。

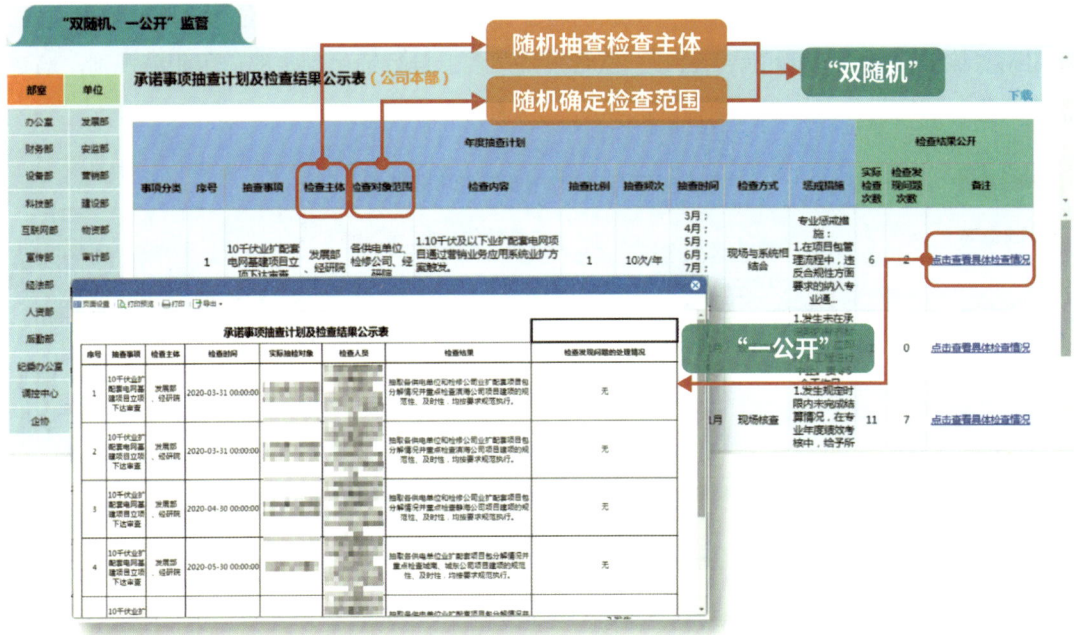

图 13-5 "双随机、一公开"监管模式功能图

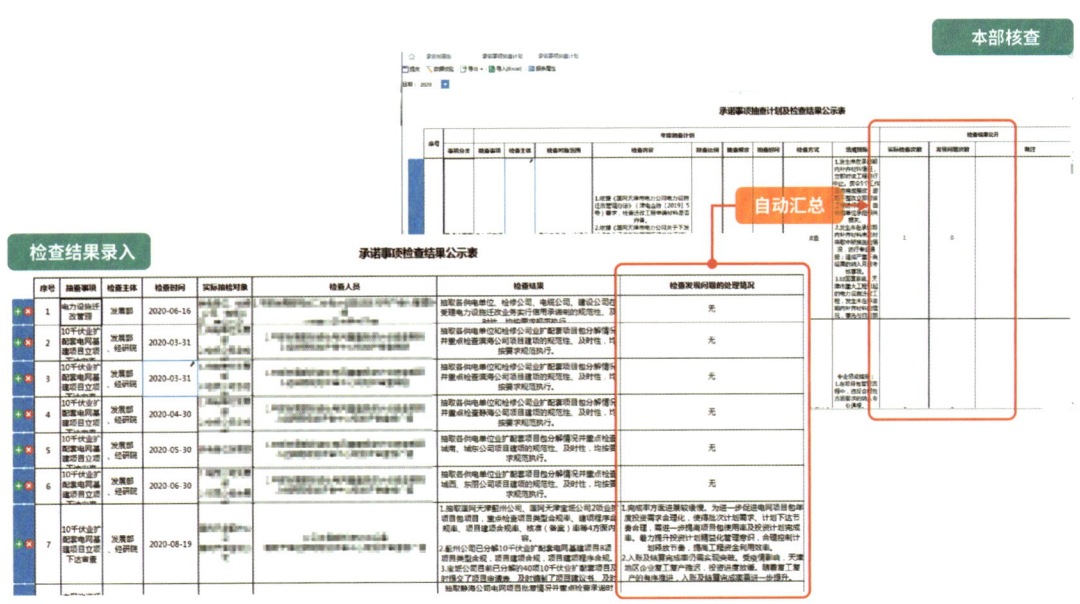

图 13-6 "双随机、一公开"填报功能图

2.2.4 信用积分考核奖惩模式

承诺制改革建立健全守信激励和失信惩戒机制,遵循"谁主管、谁监管,谁惩戒、谁教育"的原则,对审批承诺事项实施中有违规以及失信行为的部门和员工进行惩责,并建立诚信档案,严重失信的部门和员工将不再适用信用承诺"绿色通道"。如图 13-7 所示,基于数创平台创新性开展信用积分模式,将抽象的"信用"与工作量化考核合理挂钩,在承诺制展

板上进行信用公示，联动绩效考核，形成合理合规督促模式。各基层单位可借鉴此管理模式，将日常考核工作与"双随机、一公开"监管模式结合，自行细化制定的信用积分规则，培育信用文化。信用积分考核奖惩填报功能如图 13-8 所示。

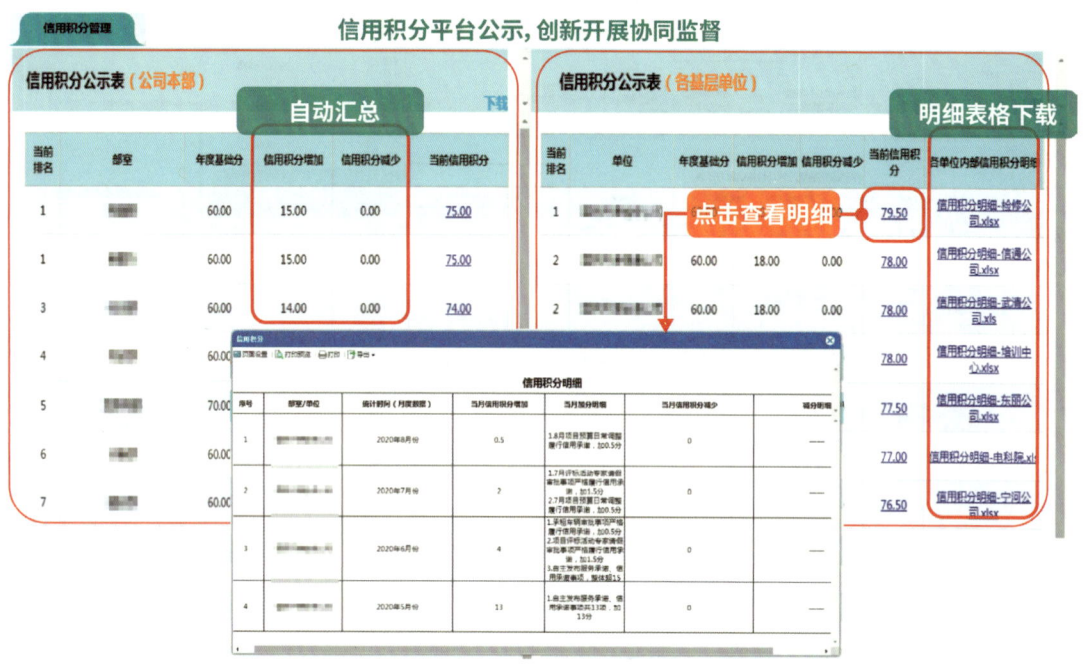

图 13-7　信用积分公示功能图

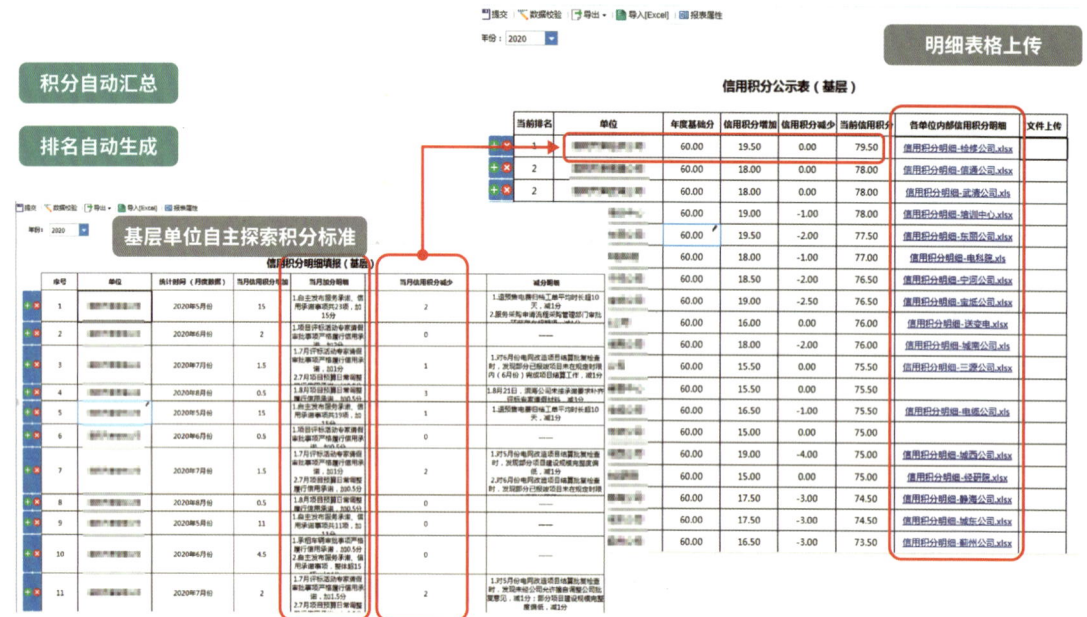

图 13-8　信用积分考核奖惩填报功能图

3 价值成效

承诺制改革公开平台借助报表工具搭建四大场景模式，真正意义上做到了业务"有章可依"、流程"透明便捷"。

3.1 简政放权，提升业务效率

深化承诺制改革平台应用，实现了业务数据公开透明，满足了基层员工对业务发展、政策动向情况深入实时了解的需求，打通了影响效率提升的"堵点""痛点"。通过加强对各类资料的电子化的整合管理，直观反映审批事项公开清单、承诺制改革事项清单及历次"双随机、一公开"检查结果，达到了"清单一键可查，结果有迹可循"的目的，为各专业职责范围内对审批事项的监管提供便利，节省了资料查阅整理、结果查询的时间，极大提高了工作效率。

3.2 放管结合，优化监管质量

各专业持续跟踪流程运转情况，动态调整改革事项清单，以"承诺"促"改革"，推进改革迭代升级。一是降低监管成本，依托平台和数据对审批事项进行实时分析与在线监管，切实做到公开透明；二是合理分配人员，公开发布检查结果，对违诺违规情况实施"专业处罚"和"信用积分"联合惩戒；三是精准落实监管责任，通过推广应用承诺制公开展板，使部门、单位的"信用"在信息内网上互相可见，方便部门、单位之间自行横向纵向对比，形成"你追我赶"的正向激励模式。

3.3 优化服务，明确业务边界

通过承诺制改革公开平台，倒逼专业数据治理、反推业务解难题，通过层层深入定位问题根源，提出针对性的解决方案，并且跟踪监控直到问题解决。完成业务边界的准确定义，确定审批责任主体、明确业务流程步骤和标准，真正意义上做到了业务"有章可依"、流程"专人负责"，有效解决了困扰基层员工的常态化问题。

以数为马
打造任务管控新系统

2019 年，国家电网有限公司与天津市签订战略合作框架协议，共同打造能源革命先锋城市，会同天津市政府 26 家委办局、16 个区政府，联合推出深化坚强智能电网建设、建设智慧能源生态等 9 大领域，100 项重点任务，启动"9100 行动计划"。2020 年，"9100 行动计划"写入政府工作报告并纳入年度重点工作，行动计划办公室每月向市委市政府领导汇报任务实施情况。

1.1 业务现状

"9100 行动计划"涉及 9 大领域、100 项任务、330 项子任务，任务进度管控难度大，单纯依靠人工线下统计不仅消耗大量时间，还易出现统计偏差，造成数据失真，影响进度管控质量，所以依托信息化手段开展过程管控成为行动计划办公室的必然选择。

此外，"9100 行动计划"属于专项行动，与常态化业务管理在时间周期上存在差别，另行开发新系统不仅耗时长，而且要考虑使用持续性，如果一旦行动计划结束系统就失去再利用价值，则会造成信息资源的浪费。为做好"9100 行动计划"重点任务协调推进和监督管控工作，全面监控各项任务完成情况、系统展示任务建设成效，需要建设灵活便捷的"9100 行动计划"任务管控系统。

1.2 业务痛点

通过全面梳理公司现有项目管理系统，结合行动计划自身任务管理实际需要，发现了以下三个问题。

1.2.1 线下汇总质效低下

一是线下统计效率低，线下工作难以满足行动计划管控要求，人工线下统计任务进度的方式耗时长、易重复、不准确；

二是横向沟通协调难，行动计划绝大部分任务涉及跨部门协同，线下沟通工作费时费力；

三是督办预警模式落后，重点任务内容和时间节点需要到期提醒相关人员尽快完成，当前只能通过电话、邮件等方式逐个联系通知，督办缺乏及时性，且管理成本高。

1.2.2 线下固有系统模式单一

公司现有任务管控信息系统数量大、种类多，但均是针对特定项目，管控手段和模式较为固定，无法对不同类型项目进行集中管控和评价监督，而"9100 行动计划"涉及 9 大领域、100 项任务，项目类型包含电网项目、信息化项目、技改项目、营销项目等，项目种类多样复杂，需要设计出一套能够对所有项目进行统一管理的系统。

1.2.3 及时全量展现不足

"9100 行动计划"任务多、覆盖面广、关注度高，市委市政府领导、各委办局、公司内部都需要定期了解项目进度，如何在一个系统平台内全面展示所有任务执行进度、取得成效、下一步计划和存在问题等内容将是"9100 行动计划"任务管控系统面临的重要问题。

2 主要做法

2.1 解决思路

目标： 基于数创平台搭建高效的任务管控平台。

思路： 数创平台具有功能全面、开发便捷、使用灵活的特点，与"9100 行动计划"任务管控需求完全契合。任务管控平台逻辑图如图 14-1 所示。

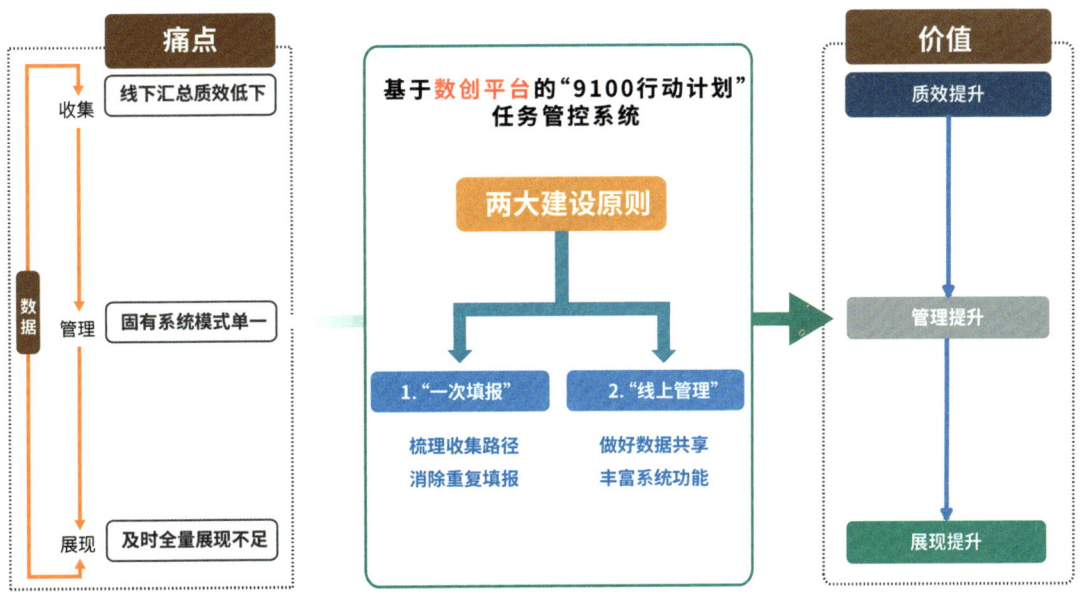

图 14-1　任务管控平台逻辑图

系统建设遵循以下两条原则：

一是一次填报，梳理"9100 行动计划"数据收集路径，业务部室已经向基层单位收集的数据不再向基层单位再次收集，基层单位已经填报系统的不再重复填报。

二是线上管理，做好数据共享，能通过系统填报、导出或者计算的数据不再通过线下方式收集。同时丰富系统功能：

（1）任务优先：可以设置任务的重要性，或者通过不同颜色的标签来对任务进行管理对事情的轻重缓急一目了然；

（2）进度跟踪：在任务过程中，可以通过设置完成率"_%"随时跟进任务，在任务完成之后，标识已完成；

（3）任务提醒：设置任务的时候可以设置到期时间，在设定时刻预警提醒任务期限。

2.2 解决过程

为满足行动计划管理基本需要，依据一次填报、线上管理的基本原则，"9100 行动计划"任务管控系统设计开发了任务基础信息查询、节点完成情况填报、月报专报数据自动生成和整体完成情况全方位展示等功能。

2.2.1 任务基础信息查询

2.2.1.1 权限维护

按照"9100 行动计划"总体实施方案职责分工，在系统内设置系统管理员、专业部门负责人员和基层单位联系人三个维度的人员权限，可对应查询所负责任务基本信息，填报节点完成情况等。权限配置维护界面如图 14-2 所示。

图 14-2　权限配置维护界面

2.2.1.2 台账信息展示查询

将 9 大领域、100 项任务的基本信息进行细化分解，按照总任务、管理类任务、工程类任务和信息化任务进行台账分解，形成"总—分"型台账系统，设计重点任务标识和超期任务显示，如图 14-3 所示，方便各部室、各单位查询任务基础信息，及时跟进任务完成进度，如图 14-4 所示。

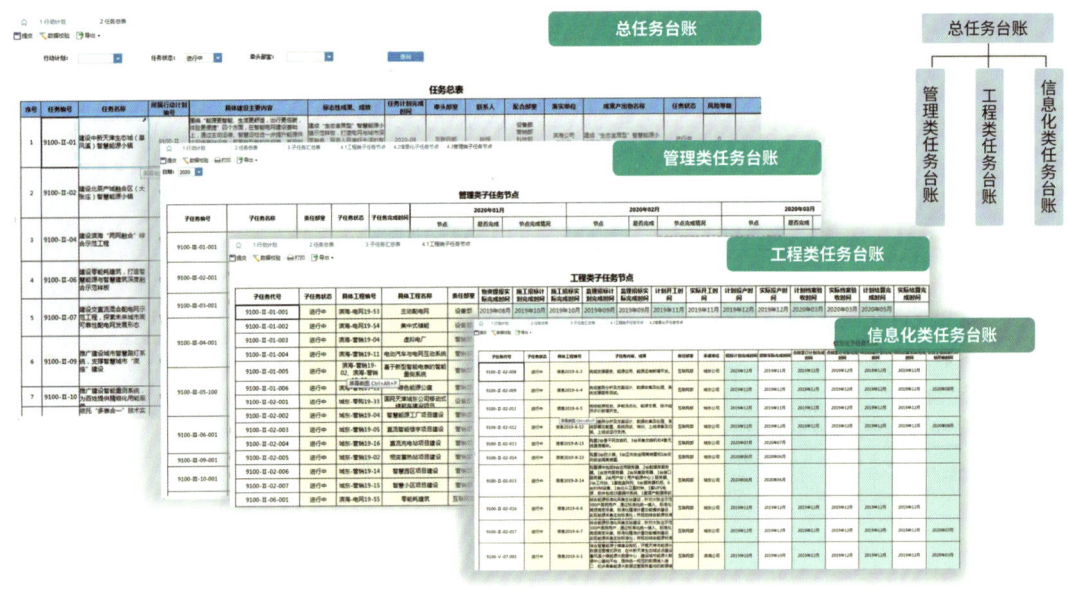

图 14-3 台账信息展示查询

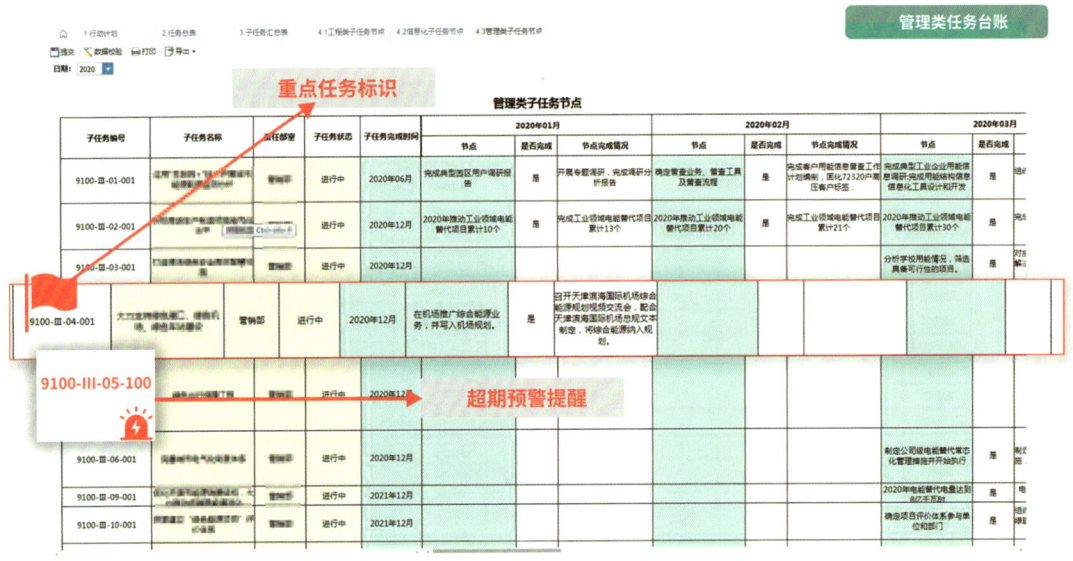

图 14-4 重点任务标识 / 超期预警提醒

2.2.2 节点完成情况填报

各类任务责任人员在系统内查看当月应完成节点提示，并结合实际工作开展情况，在系统内维护任务完成情况和时间，如图 14-5 所示。行动计划办公室工作人员，可以通过信息台账总览各节点任务完成情况，预警提醒任务到期未完成情况。

图 14-5　节点完成情况填报

2.2.3 月报专报数据自动生成

根据各项任务月度节点完成情况，系统自动生成月度节点完成情况统计表，如图 14-6 所示，为管理人员及时准确了解行动计划整体推进情况提供数据支撑。

图 14-6　月报专报数据自动生成功能

2.2.4 行动计划完成情况全方位展示

为更直观反映行动计划整体完成情况,从重点任务概括、重点任务清单、月度节点完成情况、任务建设内容和任务风险预警五方面,以柱状图、折线图、饼状图和气泡图等形式设计开发系统展示功能,同时,支持数据单击和下钻,方便管理人员更加直观感受行动计划实施进度。"9100行动计划"任务一览表如图14-7所示。

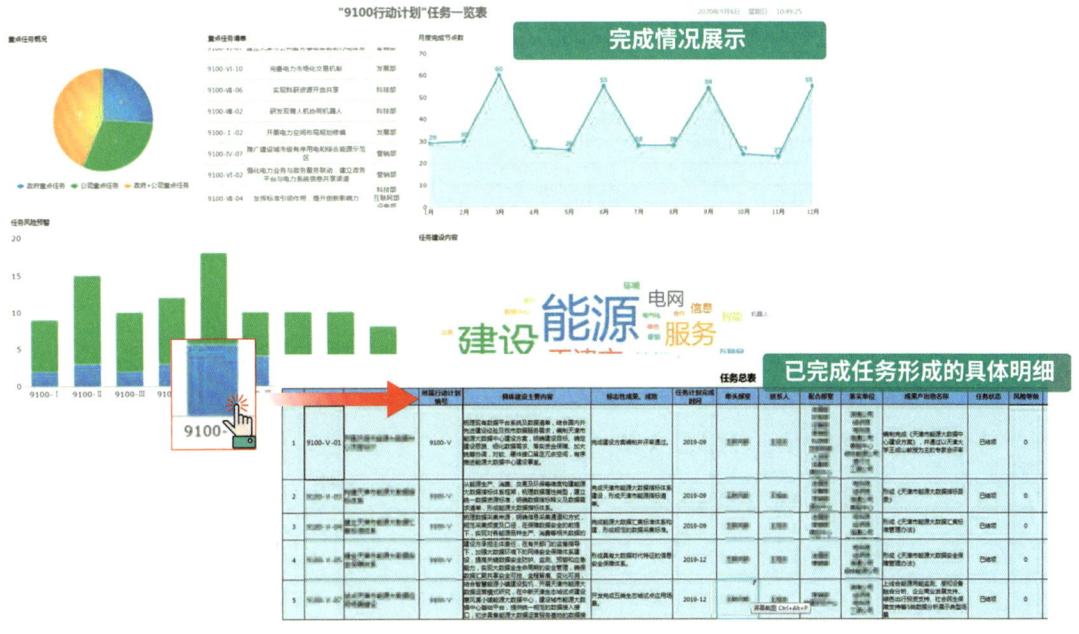

图14-7 "9100行动计划"任务一览表

3 价值成效

任务管理系统的创新实施,实现了部门、个人工作任务的PDCA闭环操作,有效推动企业管理实现"凡事有据可依、凡事有证可查、凡事有人负责、凡事有人监督",推动企业执行力、工作效率提高。

3.1 质效提升

基于数创平台的任务管控,有效地辅助计划参与人员梳理工作事项,明确工作任务,极大地提高了跨部门协同工作的能力,改变了以往任务进度信息线下收集、效率低下的状态,实现全量任务进度信息线上填报、线上统计、线上展示,工作效率提升50%,工作质量明显提高。

3.2 管理提升

管理模式多样丰富，兼容"9100行动计划"相关任务，使得项目的结构层次、基本信息和节点完成情况一目了然，解决了以往线下台账混乱的问题，项目信息变动更加便捷。

3.3 展现提升

及时全量展现"9100行动计划"，在一个系统平台内全面展示所有任务执行进度、取得成效、下一步计划和存在问题等内容，为市委市政府领导、各委办局、公司内部提供及时、全量的项目进度信息。

御数有方的"小站模式+"

1 案例背景

1.1 业务现状

小站供电服务中心（简称中心）早在多年前就已开始尝试数据管理变革，形成了依靠成套 EXCEL 表格指导各项营销业务的"小站模式"，诞生了以数据驱动业务的萌芽。2017 年以来，中心融合配网业务，在国网天津电力范围内率先试点开展营配业务末端融合、班组网格化运维管理工作。工作模式的转变，对中心管理水平与基层班组人员业务能力提出了更高的要求，中心开始探索借助新的信息化工具和标准化作业环节来提升业务运转效率，闭环管理流程。

1.2 业务痛点

1.2.1 数据获取成本高

中心融合营配业务后，数据依旧分散在各个专业部门的不同系统中，获取数据需要和不同的部门沟通。传统的数据获取模式需要班组成员每天在固定时间内从各个业务系统中导出，耗时较长，数据准确性依赖于员工负责程度。其次，小站特色的网格化承包制工作模式以及为优化线损管理设置的"一台区一指标"等都需要大量的系统外信息导入，以往都需要采用自建看板、公式关联等方式对数据进行处理，线下数据的整合需要投入大量精力。

1.2.2 绩效分析难度大

由于指标种类较多，调取相应数据的表格十分繁杂，各类指标计算规则的差异很大，通过公式计算对指标结果进行统计并转化为绩效奖金的过程复杂且烦琐。此外，只对单个环节的数据进行分析，通常难以寻找到造成绩效差异的真正原因，因此也难以采取针对性的措施，不能为领导的决策提供支撑。

1.2.3 监控反馈不及时

采取措施来进行绩效管控后，需要对各部门各单位的工作情况进行监控，逐一检查各项工作会耗费大量的时间精力。为方便监控异动，提高分析精度及问题处理质量，需要消耗大量人力进行数据导出计算处理，才能做到各类台区各项指标数据日监控，监控反馈往往不及时。

2 主要做法

2.1 解决思路

目标： 基于数创平台打造数据驱动的全能型供电服务中心。

思路： 如图 15-1 所示，将公司下发到中心的指标集细化分解，同时根据本地化管理需求添加个性化指标，基于融合各专业系统数据的数创平台，结合各项工作特点设计开发一套业务管控与绩效管控自动化报表。一是利用报表数据指导业务开展，通过对数据的深入分析，将各项指标转换成为具体任务，精准指导班组开展具体工作。二是利用报表数据指导绩效管控，通过现场反馈数据与月度指标数据变化情况，客观合理地分配奖金绩效，充分激发班组人员的活力与工作效率。

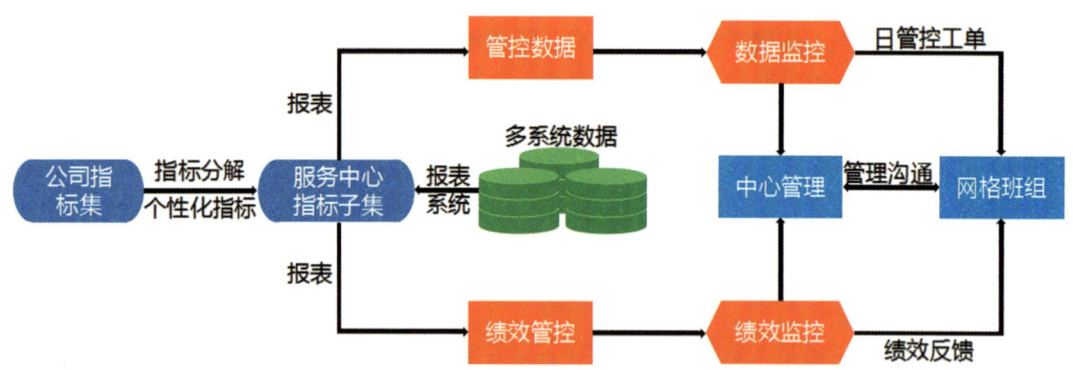

图 15-1　数据驱动业务与数据指导绩效流程图

2.2 解决过程

2.2.1 细化分解指标，指导班组工作

中心根据班组工作任务情况，将部门指标分解为班组指标（见图 15-2），依托数创平台将班组指标融入各项工作统计报表，并将完成情况下发至各班组（见图 15-3），使得班组成员充分了解自己当前指标完成情况，有针对性地开展工作。同时，依据分解下发到班组的指标对各班组进行绩效考核，根据指标完成情况兑现奖励。

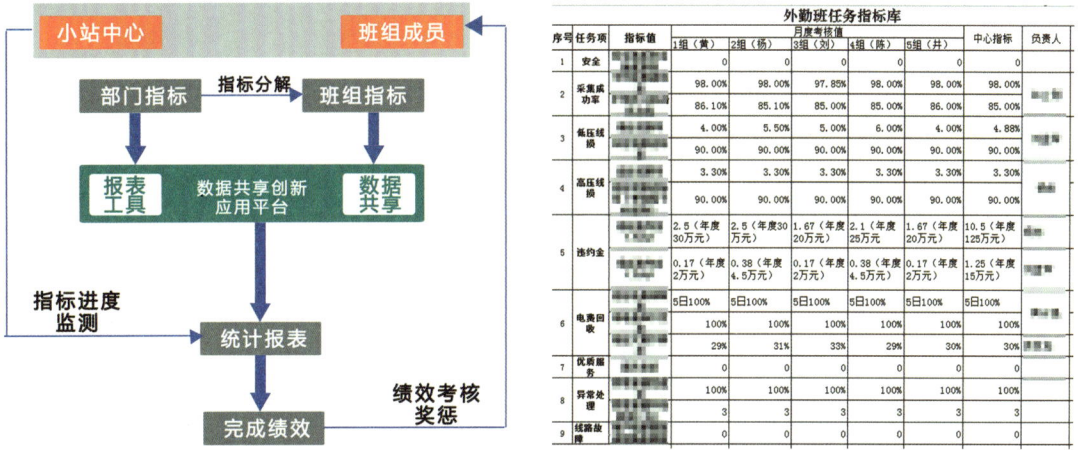

图 15-2 班组指标分解

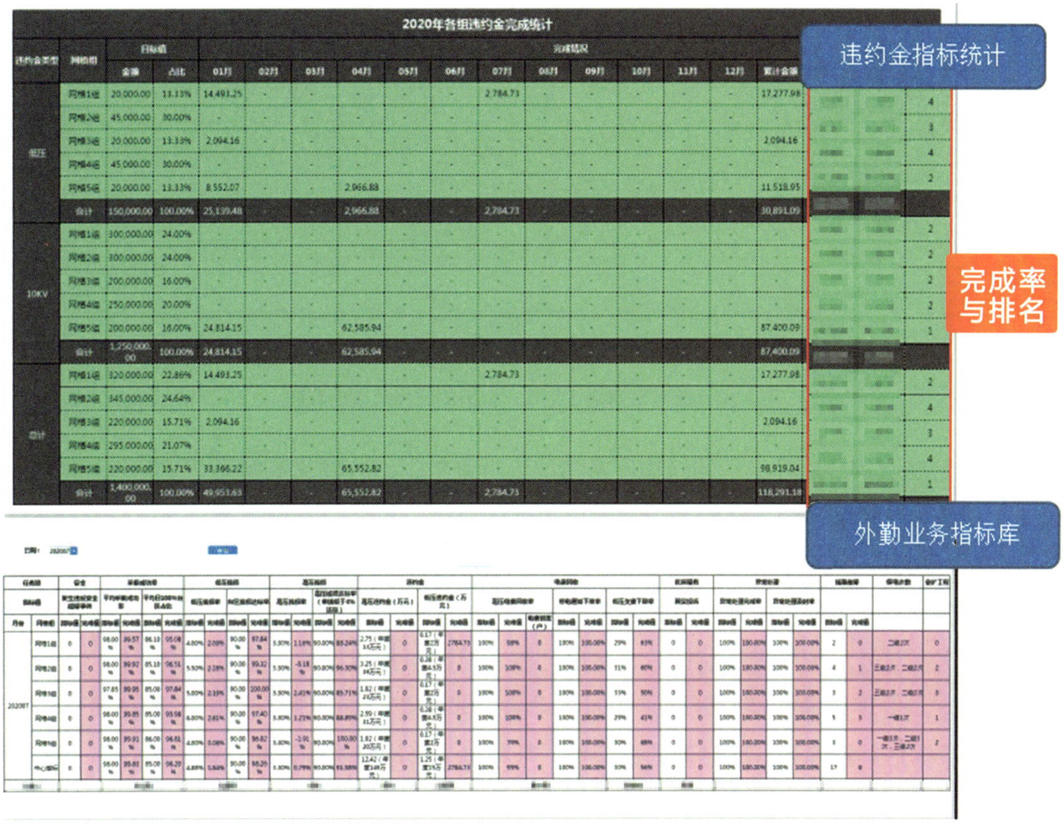

图 15-3 指标完成情况统计

2.2.2 数据分析提速，专业工作提质

利用报表打通各系统之间壁垒，综合从各系统得到的数据形成各项专业报表，保证日管控模式能真正有效、准确地指导各类营配业务。下面就线损管理和配电运维管理两个专业场景展开说明。

2.2.2.1 线损管理模型

为提高线损水平，小站中心对高低压采集成功率、高低压线损合格率、供售电量等数据进行每日监控统计，通过多系统取数汇总采集成功率、供售电量、低压台区及 10kV 日线损情况，结合班组分工信息及网格划分情况，形成采集线损数据监控系列报表并进行分析。外勤班网格 3 组某一台区的线损日监控数据如图 15-4 所示。

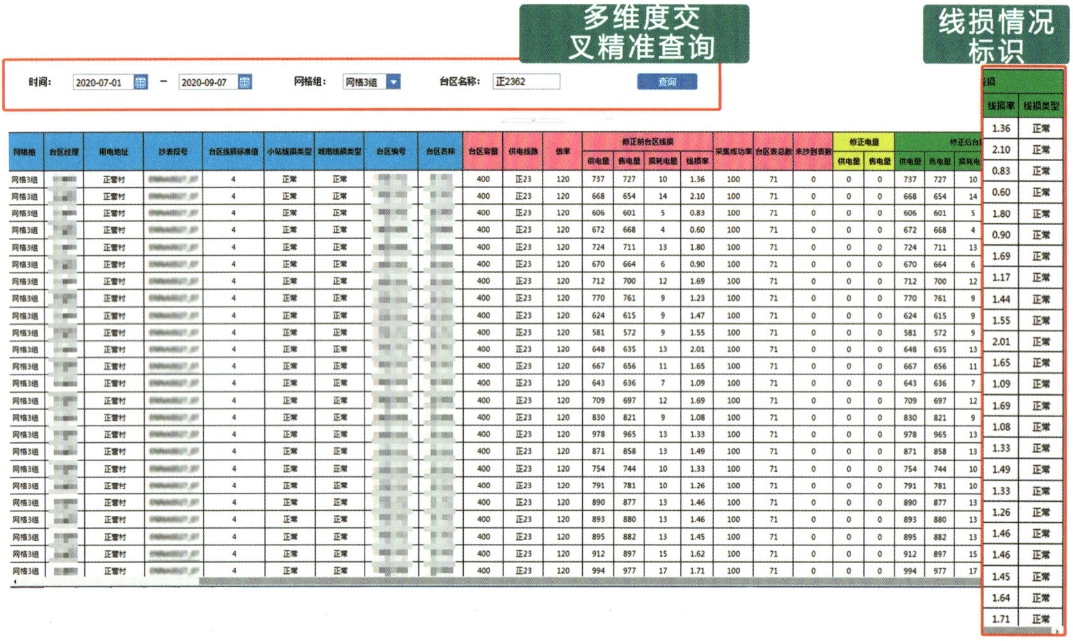

图 15-4　外勤班网格 3 组某一台区的线损日监控数据

数据管控班对日监控发现的线损异常情况进行分析，结合供售电量变动规律、连续日损规律、采集异动情况、历史问题情况判断出可能的原因，再结合系统查询、调试及其他统计类报表（如高低压工单表、高低压线路／用户切改信息表、台区信息修改统计表、集中器／考核表更换及参数下发情况）内的信息筛选出具体的影响因素，为台区经理提供现场处理方案，并在次日对处理结果进行监控。台区经理结合管控班提供的数据分析支撑，有目的地进行现场检查，发现问题并及时处理，实时主动查看本组指标完成情况，如图 15-5 所示。对采集线损数据进行精确到台区经理的日管控、月考核，形成完整的指标管理体系。

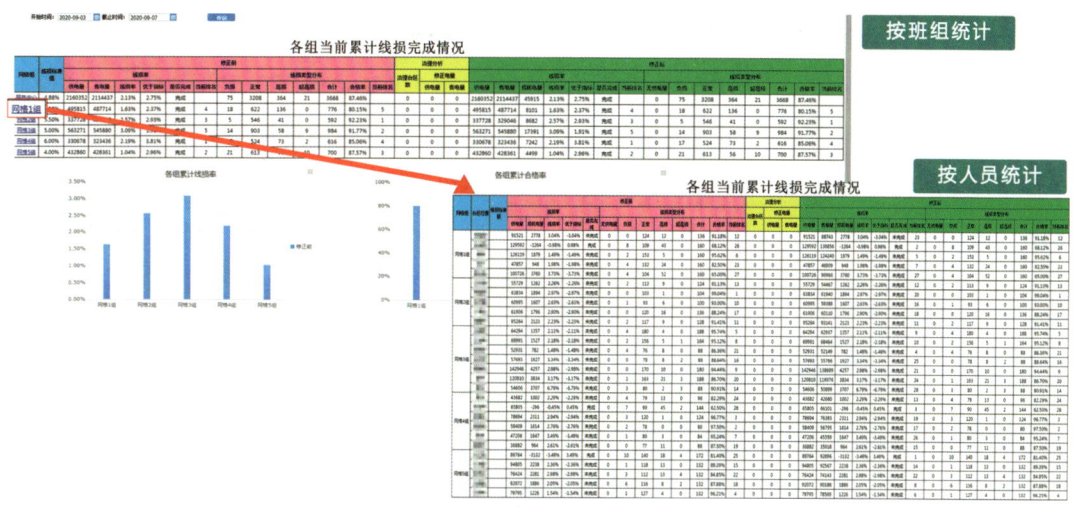

图 15-5 线损完成情况月度看板

2.2.2.2 配电运维管理模型

小站中心通过报表工具建立配电运维数据管控闭环系统。夯实配电设备台账基础，定制运检运维表单，结合移动作业，精细化收集运维信息，将设备运行工况数据化呈现。通过培训，结合运维表单，台区经理可提升专业巡视深度。运维过程可量化，在依据基础设备数量核定各组运维工作量和运维难度时，通过引入线路类型、用户类型、地理特点、季节特点、动土规律、特殊情况等因子，设置不同系数对基础信息进行处理，最终得出各组的线路设备综合评定分数（即工作量），为绩效分配和任务管理提供重要参考。配电运维管理功能图如图 15-6 所示。

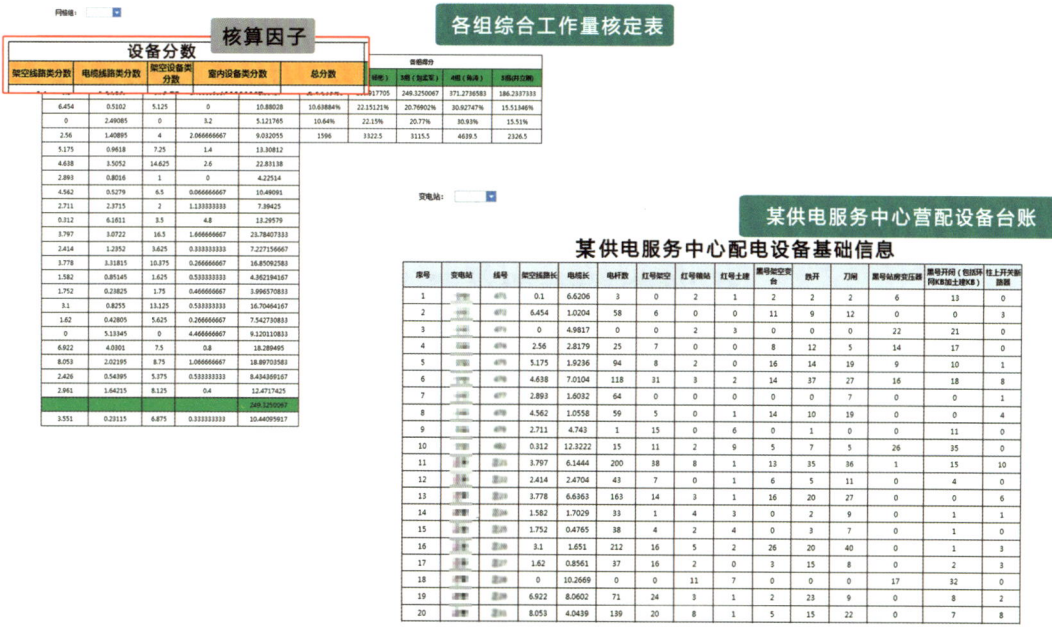

图 15-6 配电运维管理功能图

2.2.3 报表精准反馈，指导绩效开展

小站中心建立了营配深度融合的业务协同体系，将 10kV 及以下营配业务合一，实现业务网格化管理，如图 15-7 所示。网格组承担营配高低压全业务运维职责，提高了营配专业间的配合度，促进各项工作协调开展。实行网格组承包责任制，所有网格组都有明确的任务指标（包含营销和配电工作的主要任务指标，采集成功率、高低压线损、营业外增收、电费回收、优质服务、异常处理、配电运维、工程管理），目标值和绩效兑现的计算办法。

网格组	管辖线路数量	管辖台区数	10kV用户数	低压用户数
网格1组	18	194	354	20351
网格2组	27	148	389	13677
网格3组	22	246	322	21282
网格4组	18	154	328	13076
网格5组	12	176	212	17438
合计	97	918	1607	85823

图 15-7　网格组划分

通过报表，可以秒级统计小站中心绩效考核体系规定的 8 大项任务指标完成情况，精准反馈班组本考核周期内的工作完成质量。其中两项指标完成情况举例如图 15-8 所示。

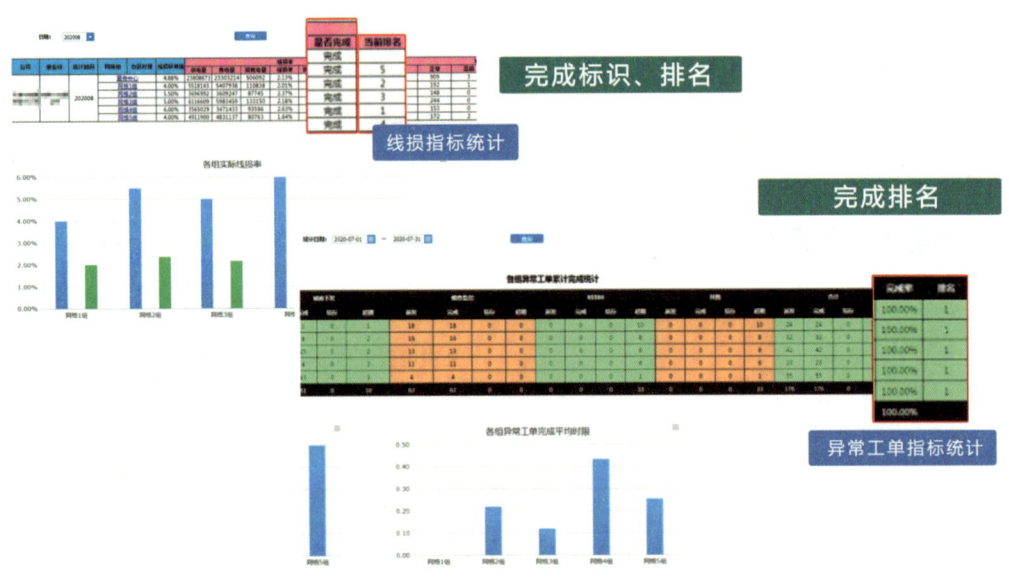

图 15-8　任务指标完成情况

指标完成情况统计表可以汇总本考核周期内各班组对全部考核指标的总体完成情况，如图 15-9 所示，根据绩效考核细则开展绩效考核。

图 15-9　指标完成情况统计

3　价值成效

3.1　数据获取增效

跨系统数据整合应用更加灵活方便，报表工具借助数创平台打破系统间信息导入的传统手段，优化了信息的导入方式，使得报表制作的效率、数据的准确性与及时性得到进一步提升，数据获取从原来"每日3名内勤人员花费2个小时收集"变成系统后台自动实时完成，进一步解放了数据管控班组线下收集、整合数据的劳动力。通过设计统计模型，结合移动作业设备，可以实现对运维数据的高效整理和动态维护，从而及时汇总线路设备状态，利用各类分析手段深挖数据价值，为巡视检修工作提供更大的参考价值。将过往"经验依赖型"的传统工作方式转变为更加高效、准确、可复制性强的"数据指引型"配电运维模式，全面提速以数据驱动业务的"小站模式+"。

3.2　绩效分析提质

提升了数据的准确性，促进管理方式由管控员工演变为管控数据，使得业务流和绩效流通过数据紧密结合起来。数创平台通过灵活的数据调取能力，条理分明地将各类报表进行分类汇总，并通过算法准确取用其中的部分数据，自动进行筛选、组合和处理，从而简化指标测算过程，完善指标体系，提高绩效管理水平。形成通过数据驱动业务运转的模式，以市场与客户需求及异常问题为导向，信息数据日管控为核心，精益化管理为目标，变被动管理为主动运维，用标准化的作业和监控手段，使供电服务中心各项业务可控、能控、在控。

3.3　监控反馈提速

数创平台利用自身强大的数据整合功能及灵活的个性化定制特点，经过内置算法使台区各项指标数据实现日监控，变得简单高效、出错率低。"小站模式+"将指标管控融入日常数据统计，实现指标自动下派和汇总统计考核，大幅减少了人工统计工作量，同时使得班组对自身承担的指标清晰明了；及时呈现指标完成情况，为班组指明工作方向，对指标完成情况进行排名比较，营造赶超氛围。

案例 16

去冗存精 探索信息系统"瘦身健体"新途径

1 案例背景

1.1 业务背景

2020 年国网天津市电力贯彻执行国家电网有限公司信息系统"瘦身健体"工作要求，结合提质增效专项行动和变革强企工程，将"瘦身健体"工作纳入年度攻坚任务，在全公司范围内开展信息资产盘点、老旧设备及"僵尸"系统清理、各类信息系统基础资源整合等工作，探索新技术解决方案，全面提升信息系统运行质效，为新时代公司提升互联网专业核心竞争力提供基础保障。

1.2 业务痛点

"瘦身"方面，在推动"僵尸"系统下线及低效系统功能整合的过程中，存在老旧系统迟迟无法彻底下线的情况，其根源在于业务部门对历史数据仍有不定时的查询需求，必须保持系统运行。但随着时间的推移和信息技术的不断更新，支撑原系统运行的软硬件逐渐被淘汰，研发厂商不再提供技术支持服务，使得老系统一旦发生故障将彻底无法修复，一方面数据安全无法保证，另一方面也造成公司大量的基础资源无法回收释放。

"健体"方面，在推动资源回收再利用的过程中，发现对信息专业各类基础资源使用情况和剩余情况的监控，缺乏全面、直观、有效的展现形式，运维人员往往需要查看多个系统并结合人工统计的方式进行资源使用情况监控，数据统计周期长，时效性、共享性差，影响冗余资源回收再利用的工作效率，造成资源浪费。

2 主要做法

2.1 解决思路

目标：数据化报表应用，推动信息系统"瘦身健体"。

思路：依托数创平台，简化"僵尸"系统业务查询需求，利用报表功能整合重构关键功能，实现重要历史业务数据查询，解决业务部室的后顾之忧，推动老旧系统彻底下线和资源回收，实现系统"瘦身"；综合分析资源动态监控的运维管理需求，集成现有监控模块，整合人工统计内容，自动化生成基础资源监控报表，并且配合资源回收及相应管理机制，实现系统"健体"。

2.2 解决过程

在全面推进"瘦身健体"工作过程中，国网天津电力对在运系统从业务应用、运行情况、系统安全、资源使用情况及客户服务反馈情况五个维度对信息系统进行综合评价，形成待下线系统清单，结合"僵尸"系统功能整合重构和基础资源回收再利用，有序推进清单中的 45 套"僵尸"系统下线。

2.2.1 "僵尸"系统整合重构

以门户指标看板和人力资源信息管控查询系统为例，阐述对系统进行整合重构的探索实践。

门户指标看板模块于 2007 年部署，是各业务核心运营指标的汇聚，企业领导层通过查看这些高度汇总的运营指标，能够全面掌握企业生产、运营状况。在信息系统"瘦身"过程中，因程序版本过低，原厂商不再提供技术服务，且存在无法修复的安全漏洞等原因，最终被列入待下线系统清单。但是，该功能和历史数据仍有查询和使用需求，于是对该模块涉及的业务逻辑梳理溯源，利用数创平台报表工具重构指标看板模块，并完成历史数据的迁移，在满足查询需求的同时解决了运行隐患，推动原指标看板模块顺利下线，回收其占用的基础资源。

门户指标看板模块重构前后对比如图 16-1 所示。

图 16-1 门户指标看板模块重构前后对比图

人力资源信息管控系统于 2014 年完成一级部署改造工作，现在其二级系统已无业务数据更新，无实际业务处理能力，仅提供历史数据查询功能。在信息系统"瘦身"过程中，根据系统使用率统计，近年来该系统查询使用频率较低，基础软件已不符合公司运行要求，硬件均已超过稳定运行年限，属于"高风险"设备，且原系统研发团队已解散，无法再对系统进行迁移或改动，因此也被列入待下线系统清单，但由于业务部门不定期会有历史数据查询的需求，系统迟迟无法彻底下线。经过与业务部室沟通，对该系统核心业务功能进行简化，保留劳动计划、人力资源计划、全资控股3个模块的数据查询功能模块。目前，已利用数创平台报表工具实现劳动计划模块的历史数据查询，为下一步推动人力资源信息管控系统彻底下线提供可行的技术路线。

N201_劳动计划指标基本情况表界面如图16-2所示。

图 16-2　N201_劳动计划指标基本情况表界面

2.2.2 基础资源监控自动化

下面以云平台资源监控为例，阐述对基础资源监控自动化的探索实践。

云平台目前已有部分资源监控报表，但功能界面分散，统计维度无法满足运维管理人员的使用需求，运维人员时常需要线下手工整理制作资源使用情况报表，数据统计量大且效率较低。为此，借助数据中台调用云平台运营面、云平台运维面、网络监控平台接口，自动获取云平台计算、存储、网络数据，运用数创平台的报表工具设计基础资源监控报表，实时展现服务器主机组、VCPU总量及分配情况、内存总量及分配情况等数据，实现对平台资源、业务系统资源的实时监控。

通过实施周期性综合评价，实现平台资源动态调整的良性循环，避免上云初期资源分配不合理带来的已分配资源过剩或者不足的问题。同时建立周分析、月优化的评价机制，剖析资源分配量及实际使用情况，形成资源优化建议，指导云上系统弹性调整资源规格，提升云资源利用率。

云平台资源总览界面如图 16-3 所示。

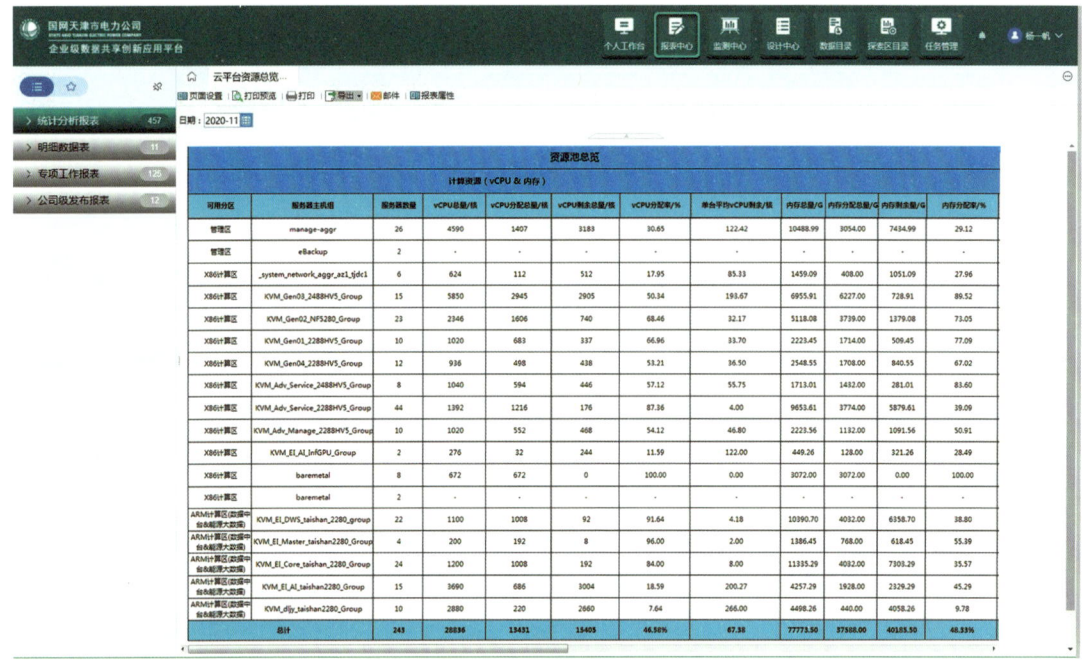

图 16-3　云平台资源总览界面

3　价值成效

3.1　探索系统重构及功能整合新途径

针对老旧系统在用的查询类功能，通过与业务部室沟通，确定高频查询信息，简化业务逻辑，利用数创平台报表工具实现查询功能整合与重构，彻底解决业务部门后顾之忧，从而推动该类系统彻底下线和资源回收。全年"瘦身健体"工作共完成 48 套系统下线，累计腾退实体服务器 236 台，利旧实体服务器 124 台，回收虚拟机 78 台，全年节省新服务器购置费 700 余万元，节省运维费用 140 余万元。

3.2　提升资源管理自动化水平

依据资源自动化报表，有效对云平台资源进行监控和预警，全年指导云平台完成 5 次扩容，结合云平台资源评价机制的执行，使上云资源申请更加合理，累计优化回收计算资源 CPU 1054 核、内存 2212GB，资源再利用率提升约 20%。

创新篇

浩渺行无极,扬帆但信风

本篇重点展示数据应用创新探索,如在数据挖掘、关联分析、三维展示等方面的应用场景。

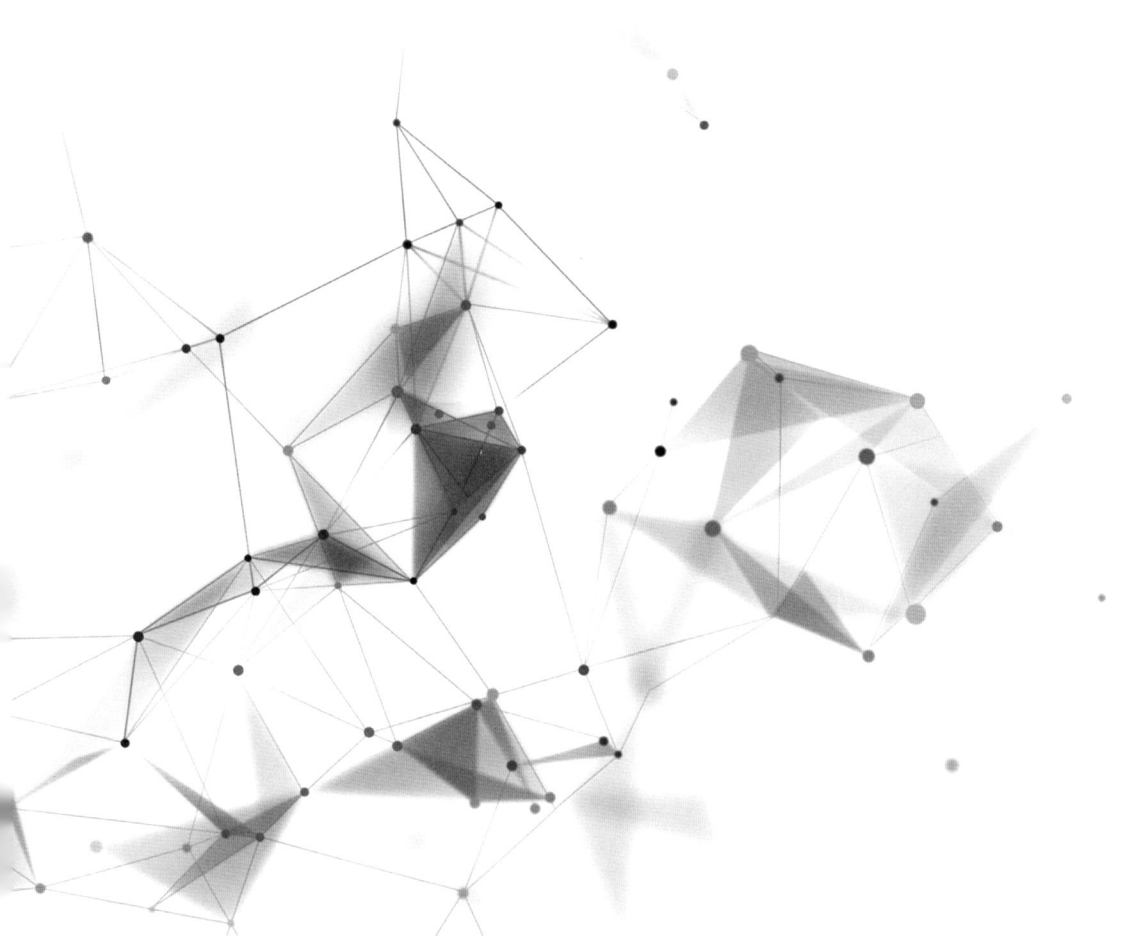

案例 17

智慧共享 无"数"不在
——打造多维精益管理数据应用新平台

1 案例背景

1.1 业务现状

为满足新形势下政府对电网企业按期披露投资、运行、成本和电价执行等信息的监管要求，公司于 2018 年正式启动多维精益管理体系建设，以简化会计科目为切入点，建立以"会计科目＋管理维度"为核心的多维信息反映体系，改变了原有以会计科目为核心的单维价值信息反映，构建出一套契合公司管理实际的业财信息记录和披露体系，实现"信息反映精益"。2020 年，该项工作进入全面应用和优化提升阶段，建成多维精益管理数据应用平台，不断聚合高质量业财数据，并通过对业务数据的多维度洞察分析，刻画企业经营活动的价值画像和数据图谱，对公司各业务条线进行精准评价，助力公司精益运营和数字化转型，支撑公司"建设具有中国特色国际领先的能源互联网企业"新战略目标落地。

1.2 业务痛点

1.2.1 数据治理有待完善

基础数据质量是开展有效多维数据分析的基础。存量数据治理伴随整个数据应用的拓展，增量数据伴随业务过程同步开展，这都需要先进的技术支持和系统优化提升来推动相关精益管理措施落地。

1.2.2 数据无法有效聚合

通过多维精益管理体系前期建设，各业务流程贯通已解决了数据在源端系统的获取问题，但各专业系统的数据未能高度聚合，无法形成新视角、新动态，不能很好满足不同层级的管理需求。

1.2.3 价值挖掘不够充分

数据应用形式较为单一，仍停留在主要通过表格形式展现数据，未充分挖掘数据背后的价值，急需聚焦企业运营各个环节数据，充分挖掘新价值，形成数据驱动管理的决策闭环。

基于以上原因，打造多维精益管理数据应用平台，可实现横向数据汇聚、纵向数据贯通，以数据创新应用驱动管理行为变革，进而更好地服务公司提质增效和数字化转型。

2 主要做法

2.1 解决思路

目标：基于数创平台建设多维精益管理数据应用平台，聚焦提质增效，深挖数据价值，提升经营数字化能力。

思路：为深入贯彻十九届四中全会关于"数据是新的生产要素，也是重要生产力"的战略部署，积极应对当前复杂严峻的经营形势，全力化解新冠肺炎疫情和政策性降价影响，聚焦国网特色、国际领先、数字运营三个重点，突出精益运营和数字化转型，依托数创平台数据创新应用方式，建设多维精益管理数据应用平台，探索全价值链洞察，找准提质增效关键点，推进业财共同行动，合理构筑管理卓越、运营高效、效益争先的良好价值生态，为公司高质量发展注入新活力。

多维精益管理数据应用平台的应用架构和数据链路如图17-1和图17-2所示。

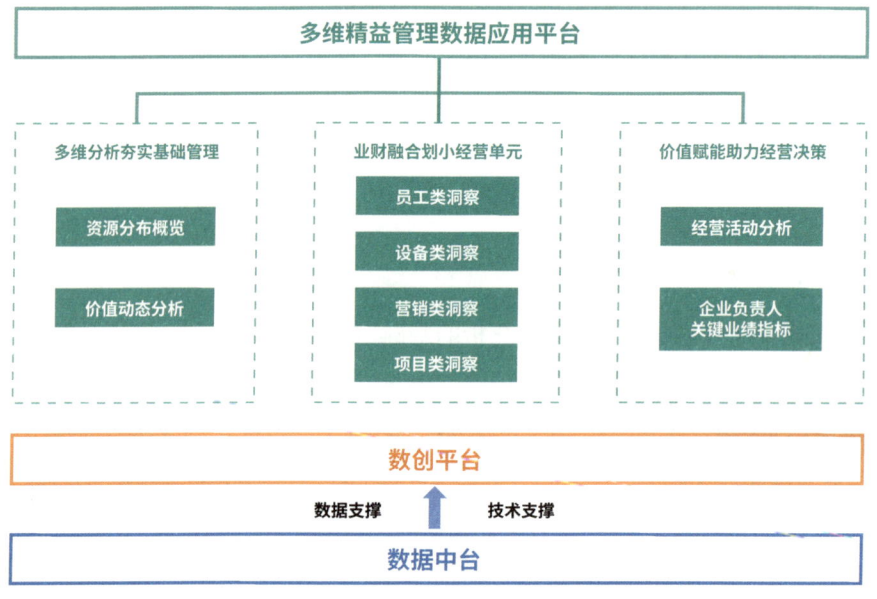

图17-1 多维精益管理数据应用平台应用架构图

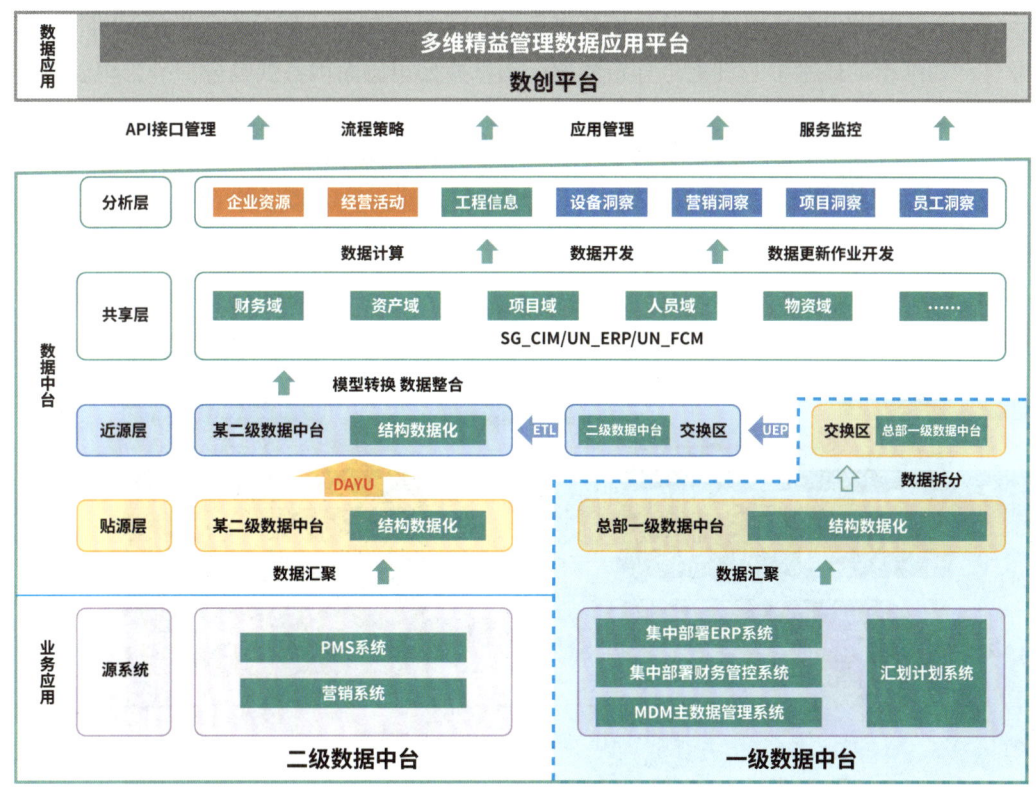

图 17-2　多维精益管理数据应用平台数据链路图

2.2 解决过程

2.2.1 资源分布概览

该部分内容共设计 8 个应用场景，下面选取两个典型场景进行介绍。

2.2.1.1 电网企业成本中心设置与分布情况场景

（1）场景需求。结合国网天津电力业务现状，按五大类十五小类业务活动、是否虚拟、是否公共属性标识，以表格及可视化（柱状图、饼图、面积图）形式展现公司各成本中心的设置与分布情况，并可穿透查询具体成本中心信息。

（2）场景设计。

1）分析对象：公司和各供电分、子公司的成本中心。

2）分析维度：①5 大类业务活动（检修、运行、营销、运营支持、企业管理）维度；②15 小类业务活动（输电运检、变电运维、变电检修、配电运检、通信设备运检、运检综合管理、运行、电能计量、供电服务、智能用电、用电营业、市场与能效、营销综合管理、运营支持、企业管理）维度；③是否虚拟维度；④是否公共属性标识维度。

3）分析指标：成本中心个数。

4）场景用途：①掌握公司层面和各供电分、子公司层面，按5大类业务活动和15小类业务活动维度的成本中心设置与分布情况；②掌握公司层面和各供电分、子公司层面，按是否虚拟和是否公共属性标识维度（该维度数据来自人资系统）的成本中心设置与分布情况；③按5大类业务活动维度，横向比较各供电公司成本中心的设置情况。

（3）场景展示与说明。电网企业成本中心设置与分布情况场景如图17-3所示。

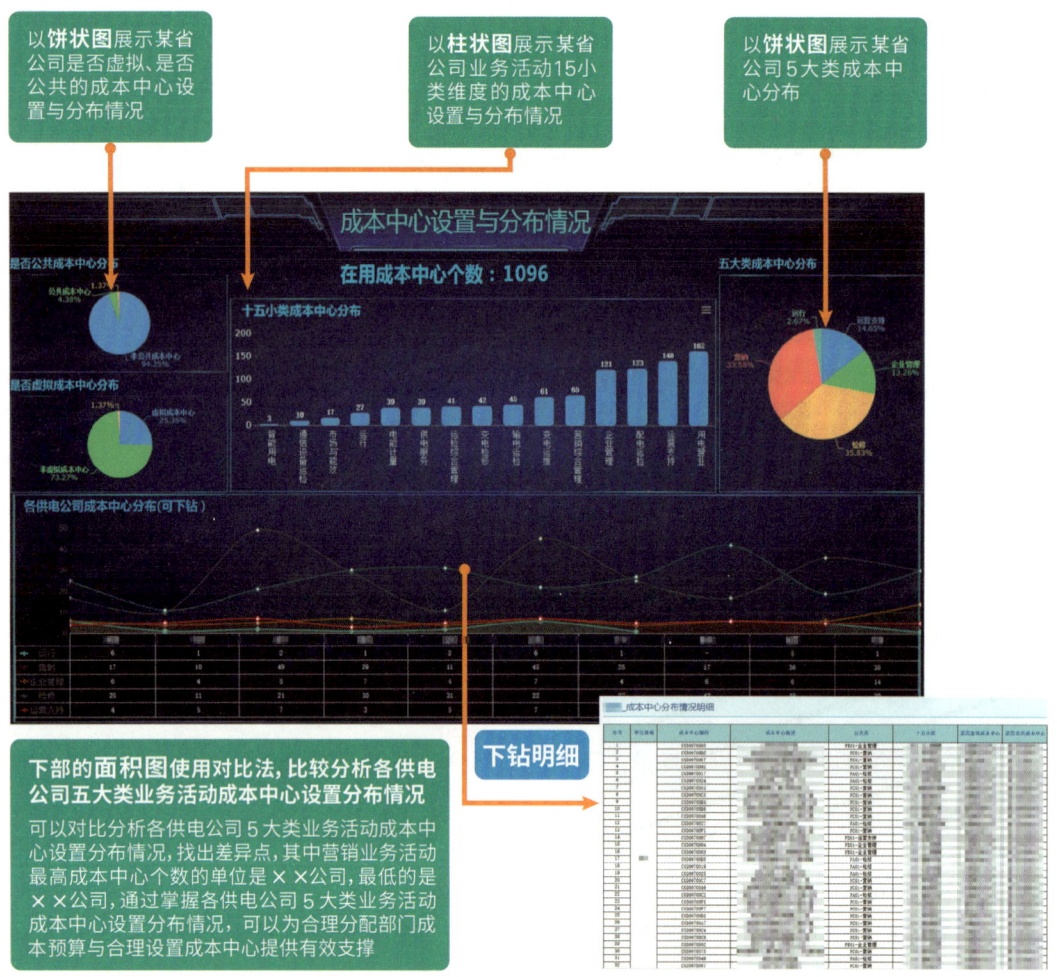

图 17-3　电网企业成本中心设置与分布情况场景图

2.2.1.2 电网企业各类输配电有效资产按电压等级的分布情况场景

（1）场景需求。结合公司业务现状，按6类资产类型可视化（柱状图、折线图、词云图）展现输配电有效资产数量、资产原值、资产净值时点数以及上年同期数、当年累计增加数。

（2）场景设计。

1）分析对象：全公司、各供电公司资产中输配电有效资产。

2）分析维度：6类资产（架空输电线路、电缆输电线路、配电线路及设备、变电设备、通信线路及设备、混合线路）类型。

3）分析指标：有效资产数量、有效资产在维度中的构成、资产原值、资产净值。

4）场景用途：①掌握公司层面和各供电分、子公司输配电有效资产按资产类型分布的数量及其增长变化；②掌握公司层面和各供电分、子公司输配电有效资产按资产类型分布的构成情况；③掌握公司层面和各供电分、子公司输配电有效资产按资产类型分布的原值、净值。

（3）场景展示与说明。电网企业各类输配电有效资产按电压等级的分布情况场景展示与说明如图17-4所示。

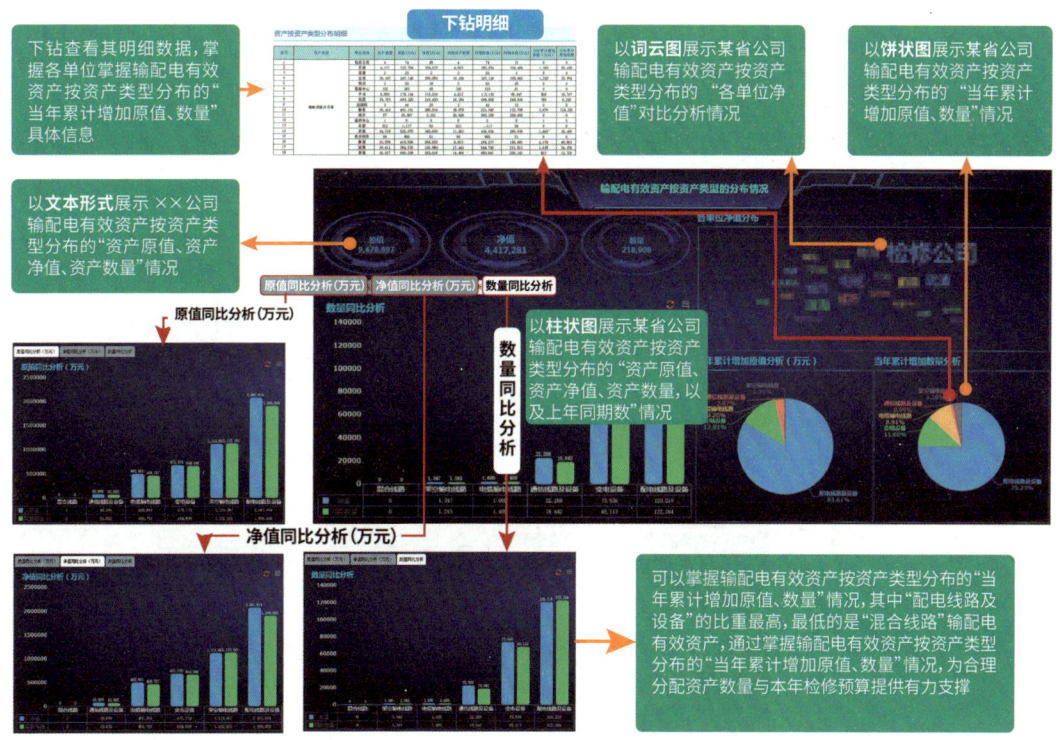

图17-4　电网企业各类输配电有效资产按电压等级的分布情况场景展示与说明

2.2.2 价值动态反映

该部分内容共设计8个应用场景，选取两个典型场景进行介绍。

2.2.2.1 电网设备检修活动按资产类型、电压等级动态反映场景

（1）场景需求。针对天津公司检修活动，按6类资产类型、5类电压等级可视化展现当年累计、当月公司整体实际发生项目数、工单数、实际成本支出金额、材料费、修理费以及其他费用构成，并可穿透至各下级单位。

（2）场景设计。

1）分析对象：某类设备资产及相关大修项目、运维项目、检修工单。

2）分析维度：6类资产类型（架空输电线路、电缆输电线路，配电线路及设备、变电设备、通信线路及设备、其他），5类电压等级［10kV及以下（含20kV）、35kV、110kV（66kV）、220kV（330kV）、500kV及以上］。

3）分析指标：项目、工单等单据个数，实际检修运维成本支出金额、材料费、修理费及其他费用构成。

4）场景用途：①经营指标多维展示，电网检修成本按组织层级、检修维度进行分类组合，灵活反映；②运营情况实时掌握，支撑设备部、财务部及相关实物资产管理部门快速获取检修成本多维分布情况；③运营问题有效诊断，常态化开展数据洞察，业财协同开展数据治理和运行监控，优化检修策略；④支撑更广泛的数据关联分析，发掘业务规律和价值潜力，为公司提质增效提供全方位数据支撑。

（3）场景展示与说明。电网设备检修活动按资产类型、电压等级动态反映场景如图17-5所示。

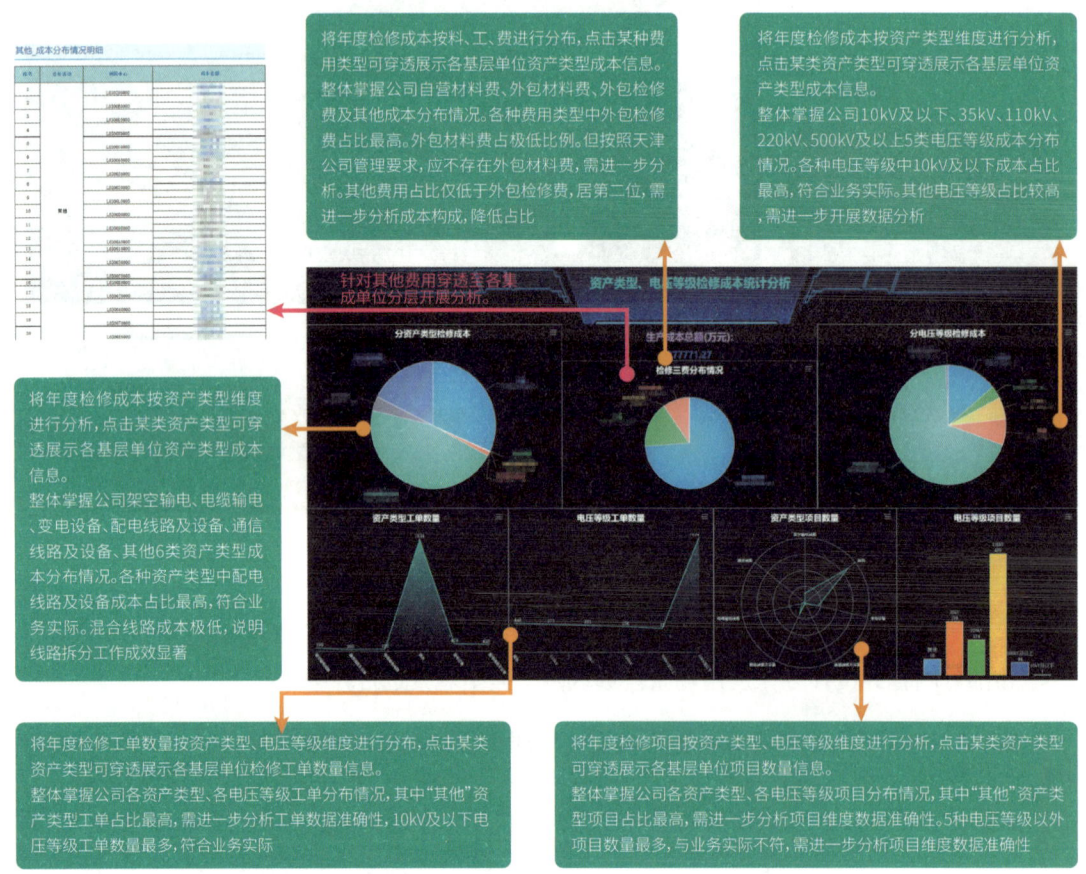

图17-5　电网设备检修活动按资产类型、电压等级动态反映场景图

2.2.2.2 电力销售情况按用户类别动态反映场景

（1）场景需求。按7类用户类别维度，可视化（柱状图、饼图、地图）展现当年累计、当月

公司整体售电量、平均销售电价、基金、售电收入、应收账款、税金,并可穿透至各下级单位。

（2）场景设计。

1）分析对象：全公司、各供电单位的售电收入、售电量、平均销售电价、基金、应收账款、税金。

2）分析维度：7类用户类别（大工业用户、居民生活用户、农业生产用户、一般工商业用户、趸售用户、抽水蓄能用户、其他用电用户）维度。

3）分析指标：当年累计口径的售电收入、售电量、平均销售电价、基金、应收账款、税金；当月口径的售电收入、售电量、平均销售电价、基金、应收账款、税金。

4）场景用途：①掌握公司整体售电收入、售电量、平均销售电价、基金、应收账款、税金；②掌握公司、各供电单位的售电收入、售电量、平均销售电价、基金、应收账款、税金按照用户类别的构成情况；③精益管理：按用户类别分析售电收入、售电量、平均销售电价、基金、应收账款、税金结构，并分析各指标间关联关系。

（3）场景展示与说明。电力销售情况按用户类别动态反映场景如图17-6所示。

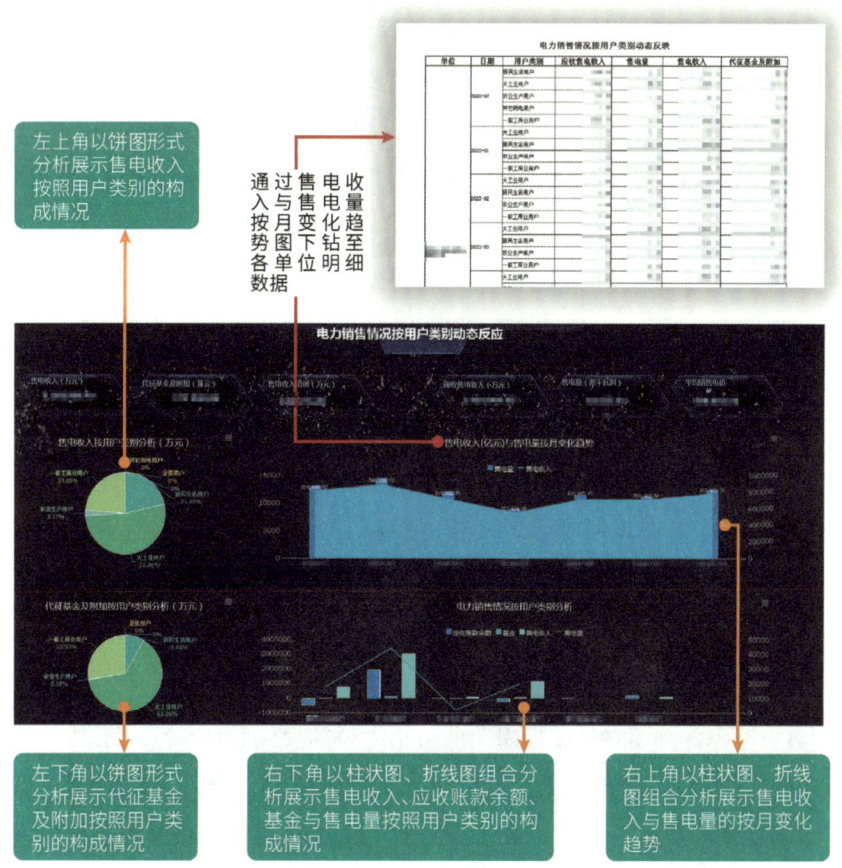

图17-6 电力销售情况按用户类别动态反映场景图

2.2.3 业财融合划小经营单元

2.2.3.1 员工类洞察

(1) 场景需求。为落实"放管服"改革要求,将公司经营业绩压力从法人层级下放到分公司层级,全面推进企业分支机构的贡献评价体系建设。以组织架构为基础,优先构建供电单位多维经营质效评价体系,量化反映供电单位价值贡献,推动精准激励,激发基层发展创新活力。

(2) 场景设计。

1) 分析对象:以供电单位为主、支撑单位为辅,构建多维经营质效分析体系。

2) 分析维度:公司经营管理能力、企业经济活动、公司运营能力等方面。

3) 分析指标:内部模拟利润、万元有效资产内部模拟利润、经济增加值、全员劳动生产率、万元投资增供电量、单位电量营销投入、电费回收率、平均线损率、万元资产检修成本。

4) 场景用途:将公司整体经营压力从法人层级向下传导至分公司层面,建立价值贡献模型,构建经营质效多维价值考评体系,提升企业经营效率。

(3) 场景展示与说明。业财融合划小经营单元—员工类洞察场景如图 17-7 所示。

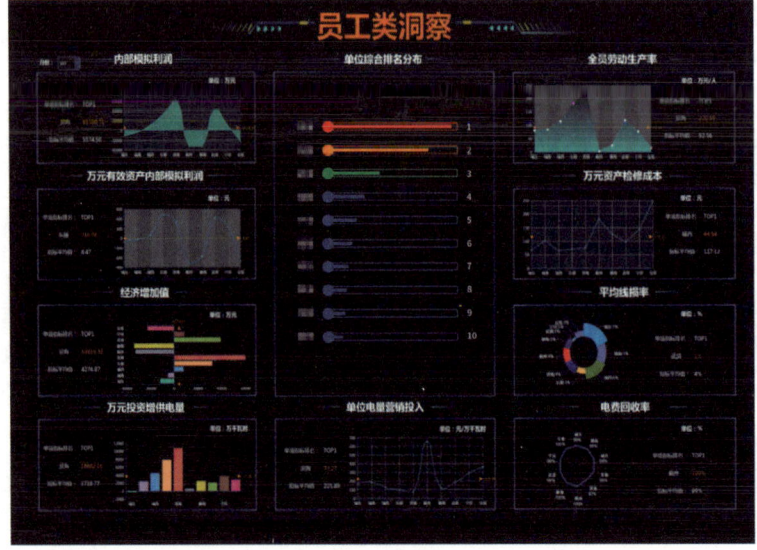

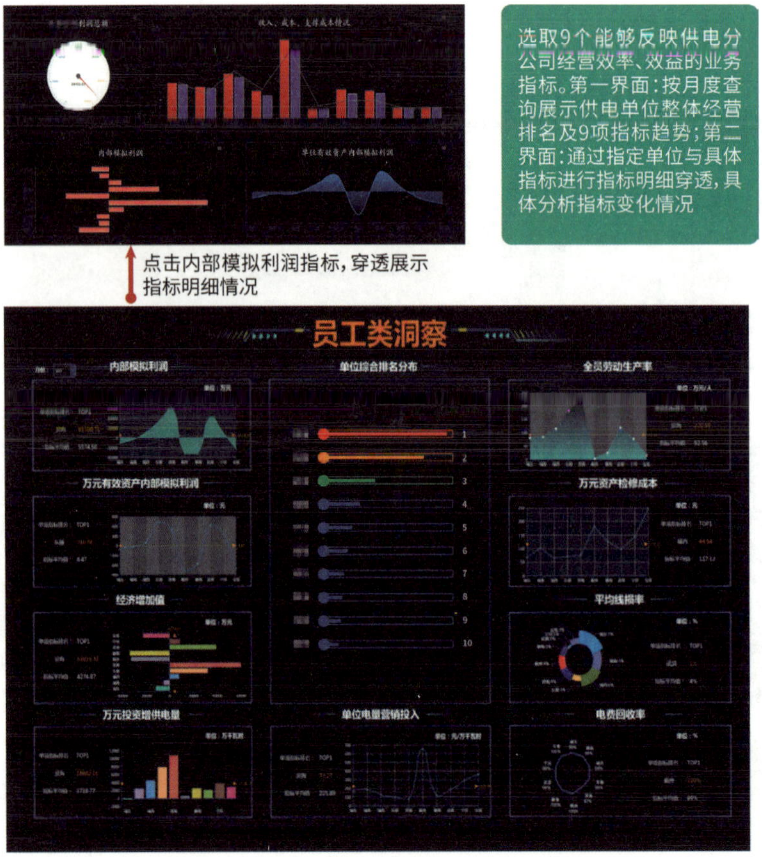

图 17-7 业财融合划小经营单元—员工类洞察场景图

2.2.3.2 设备类洞察

（1）场景需求。逐步推进电网设备选型标准化，编制分级、分类技术规范书，满足"好设备"差异化需求。优化物资合同条款，合理增加设备最低运行年限要求、运维保障条款等措施，加强对供应商服务履约的约束。推动设备全寿命周期各业务环节设备质量信息统筹协调和融合反馈，完善供应商评价规则。加强新增设备监造、抽检管理，完善关键点见证和问题闭环整改，理顺抽检结果应用渠道，采购技术性能优越、通用互换性强的优质设备，实现物资采购阶段"招好设备"。

（2）场景设计。

1）分析对象：对重点设备供应商进行综合评价，应用于招标采购环节。

2）分析维度：对重点设备供应商实施技术经济评价、进度质量评价、企业经营评价、服务评价等综合评价。

3）分析指标：供应商评价综合打分＝设备选型综合打分×0.6＋进度质量综合评分×0.2＋经济评价综合评分×0.1＋服务评价综合评分×0.1。

4）场景用途：应用供应商综合评价结果划分供应商梯队，让供应商评价结果更好应用在招标采购中，实现物资采购环节"招好设备"。

（3）场景展示与说明。业财融合划小经营单元—设备类洞察场景如图17-8所示。

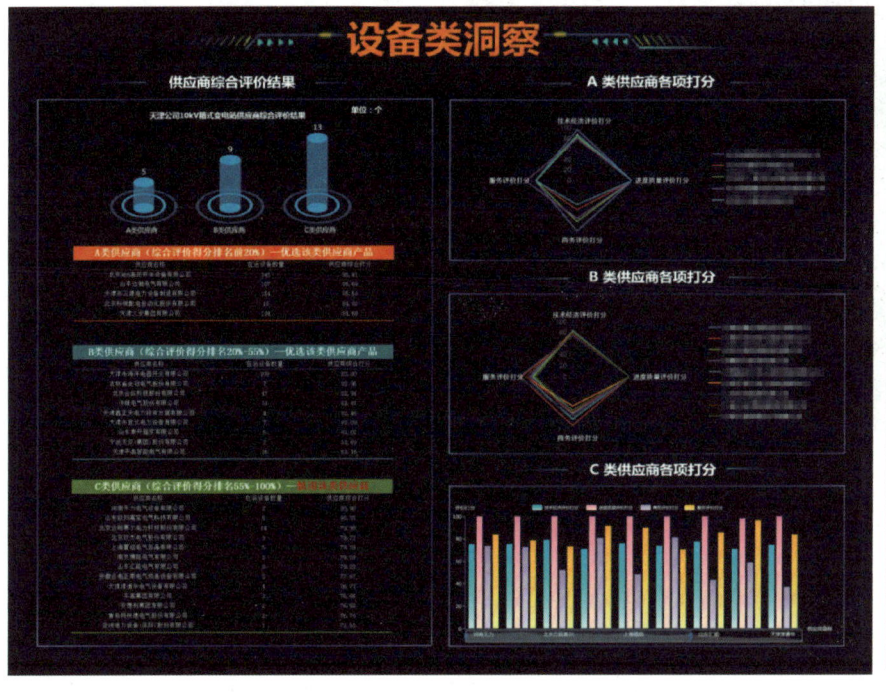

图 17-8　业财融合划小经营单元—设备类洞察场景图

2.2.3.3 营销类洞察

（1）场景需求。当前公司客户感知挖掘能力不足，综合能源等新兴业务仍需大力拓展。需要运用大数据分析等手段，构建营销类业务洞察体系、驱动体系，进一步推动公司从开拓市场、增供扩销、精益成本管控等方面，整体提升企业资源利用效率。

（2）场景设计。

1）分析对象：高压远程费控目标用户、综合能源目标客户。

2）分析维度：从提高营销资源投入及项目投资精准度考虑。

3）分析指标：电费风险等级、电费回收率、用电量、所属行业等。

4）场景用途：为有效管理客户资源，提高公司响应效率及经营收入，通过数据中台获取客户数据，利用大数据分析客户资源，寻找可开展的增值服务。

（3）场景展示与说明。业财融合划小经营单元—营销类洞察场景如图 17-9 所示。

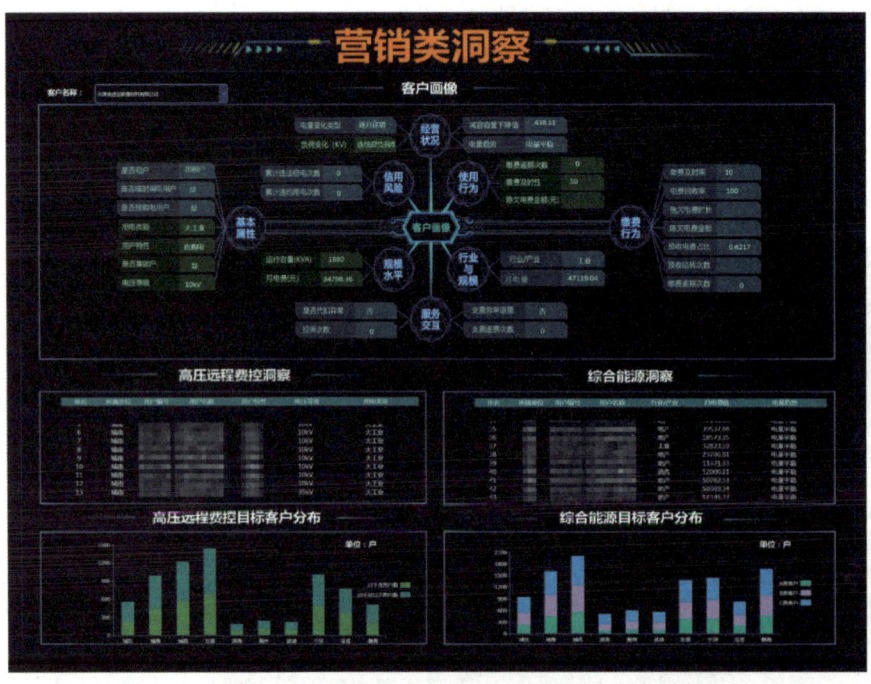

图 17-9　业财融合划小经营单元—营销类洞察场景图

2.2.3.4 项目类洞察

（1）场景需求。能够清晰梳理并展示 5 类资本性项目类型项目合同的明细数据和执行情况，明细数据包括：所属单位、项目名称、项目编码、合同名称、合同号、供应商编码、供应商名称、合同金额、已开发票金额、未开发票金额、已支付金额、未支付金额、合同支付比。

(2）场景设计。

1）分析对象：公司 5 类资本性项目类型的项目合同。

2）分析维度：全公司、所属单位、项目、供应商四个维度。

3）分析指标：合同金额、已开发票金额、未开发票金额、已支付金额、未支付金额、合同支付比。

4）场景用途：①根据电网企业对基建、技改、小型基建、营销、信息化 5 类资本性项目的合同金额掌握投资规模；②根据电网企业对基建、技改、小型基建、营销、信息化 5 类资本性项目的开票情况掌握工程的形象进度；③根据电网企业对基建、技改、小型基建、营销、信息化 5 类资本性项目的已开票未支付金额情况，安排资金支付计划；④根据电网企业对基建、技改、小型基建、营销、信息化 5 类资本性项目的已支付金额，掌握合同执行情况；⑤根据合同明细数据，可以进一步挖掘数据价值，设计可视化展示 5 类资本性项目类型维度的合同执行情况分析模型。

(3）场景展示与说明。业财融合划小经营单元—项目类洞察场景如图 17-10 所示。

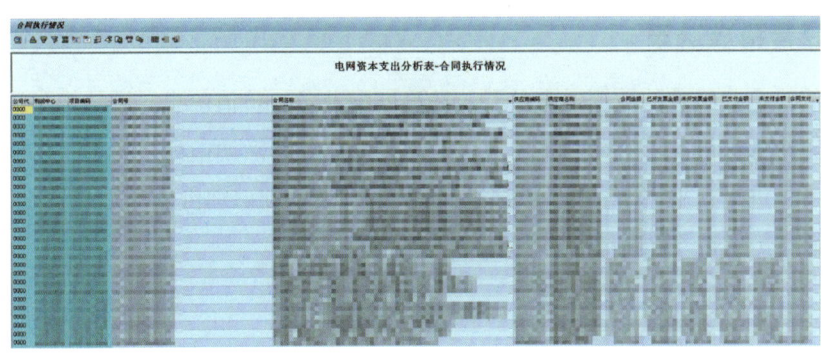

图 17-10　业财融合划小经营单元—项目类洞察场景图

3 价值成效

3.1 拓宽业务分析视角

集中汇聚跨业务、跨单位数据，构建适应企业特色和发展需求的"数据中台"新型架构模式，巩固多维链路，贯通建设成果，建设敏捷、高效、可复用的新一代数字技术基础设施，打造多维精益管理数据应用平台，提升核心架构自主研发水平，拓宽业务分析新视角，满足不同层级的管理需要，为业务数字化创新提供高质量数据及一体化服务支撑。

3.2 实时反映业务资源动态

基于多维链路贯通数据应用平台，围绕公司组织机构、客户、供应商、设备资产等关键管理对象，从地域分布、体量、年度等角度可视化展现资源构成、增长变化，实现对电网资产资源的实时掌握；从专业视角分析检修、营销、采购等业务活动的成本构成、费用消耗、资本构成，体现业务变动基本趋势与异动情况，助力基础数据规范管理，多层次推动管理变革。

3.3 赋能企业提质增效

围绕员工、设备、营销、项目四类最小经营单元进行精准业务刻画、价值刻画，评价运营质效和价值创造能力，优化公司相关业务部门的各业务活动支出成本构成，达到资源最优配置，为公司客户选择、业务拓展等提供决策支持；加强公司内部成本支出管控，为公司应对外界改革压力、提高经营能力提供依据，有效驱动公司精准投资、增供扩销，提升了设备利用效率，支撑公司经营管理决策、精准激励和提质增效。

3.4 助力公司经营精准决策

厘清企业经营价值与企业经营的数据融合关联，精准匹配业务—价值信息，用结构化语言完整刻画生产经营全过程。着眼于公司整体经营决策，以企业经营活动指标为抓手，构建企业经营活动分析体系，进行行业对标、国际对标和自我剖析，精准识别价值高地与洼地，助力公司资源科学分配，支撑业务管理精准决策。

案例 18

看"数"决策
电力指数服务政府经济形势研判

1 案例背景

作为信息时代的数据大国，利用数据提升管理、服务和决策水平势在必行。在新冠肺炎疫情防控及复工复产的双重要求下，利用大数据对疫情期间及疫情后经济发展的分析和应用至关重要，也是深入贯彻落实习近平总书记"坚定信心、同舟共济、科学防治、精准施策"的要求。

1.1 大数据时代为经济监测方式提供新思路

习近平指出："要运用大数据提升国家治理现代化水平。"就地方而言，提高大数据应用水平对更好地贯彻落实国家宏观调控政策、提升经济调控能力至关重要，而经济监测作为辅助政府宏观经济决策的重要依据，可指导经济社会发展，具有风向标、测量仪的作用。传统经济监测依靠企业上报或走访等方式，需政府部门、企业、个人多方配合完成，耗时久、周期长，数据应用能力不高，结合大数据思维可优化经济监测模式。

1.2 "两手抓"对经济数据及时性提出新挑战

疫情期间，习近平部署安排"一手抓疫情防控、一手抓经济社会发展"，各级政府需及时准确了解掌握各区域、各行业、各企业的复工复产情况，为打好疫情防控总体战、打赢经济发展翻身仗提供基础。但是传统经济监测数据相对滞后，CPI、PPI 经济指标数据每月发布一次，区域生产总值每季度发布一次，不能满足疫情防控和经济发展对数据及时、快速掌握的迫切需求，需要更加高频、准确的数据来跟踪经济形势变化。

1.3 精细化管理对经济评估结果提出新要求

新冠肺炎疫情期间，多少企业复工、多少产能恢复，哪些行业需要扶持、需出台什么惠企政策，后疫情时期各企业发展如何等一系列问题接踵而来。面对疫情防控严峻形势及经济高质量发展的要求，传统的复工复产定性判定方式难以满足当前的经济监测需求，需对复工复产采用量化可评估的模式进行衡量，辅助各级政府采用分级分类差异化方式精细管理企业发展。

2 主要做法

2.1 解决思路

目标： 基于电力视角构建可量化、准实时、强相关的电力经济指数，辅助政府疫情防控和宏观经济决策。

思路： 充分利用电力数据实时、准确、与生产强相关的特性，选取与经济发展强相关的电力指标，如用电量、在运容量、净增容量等数据，构建电力经济指数模型。从微观上实时掌握企业的复工复产情况，辅助政府科学防控、有序复工复产；从宏观上透视区域、产业、行业整体经济发展情况，支撑政府精准决策、提前掌握经济发展态势。

电力经济指数模型如图 18-1 所示。

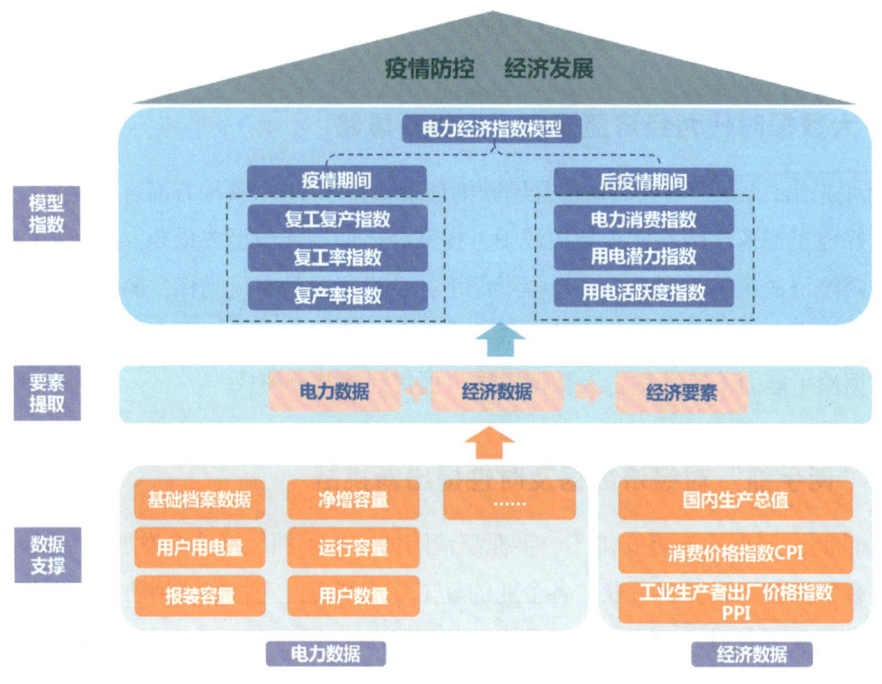

图 18-1 电力经济指数模型图

2.2 解决过程

围绕疫情期间企业复工复产、疫情后经济发展态势等方面工作，聚焦政府关注的领域、行业、企业等对象，从电力视角构建了电力经济指数模型，高频度地完成经济运行监测，为政府各相关部门提供辅助决策支撑。

2.2.1 挖掘——电力指标分析，提取经济相关核心要素

为确保构建的电力指数模型能够真实反映经济发展情况，实现从电力视角监测、预判经济发展的目的。通过选取近 4 年的经济领域指标、电力领域指标（如用电量、净增容量、在

运容量、电价、线损率等指标）进行关联分析，以关联性、超前性为评价指标，确定模型输入，作为电力观察经济发展的核心数据。电力经济核心指标分析如图 18-2 所示。

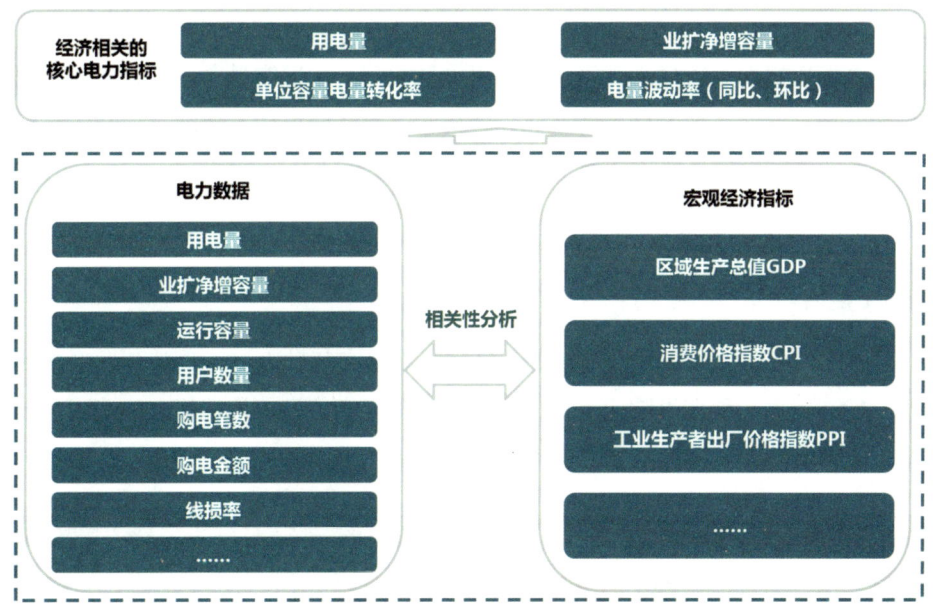

图 18-2　电力经济核心指标分析图

2.2.2 建模——立足实际需求，搭建多维分析模型

以实际需求为出发点，构建了多频度、多维度、多场景的电力经济指数模型，适应不同时期经济发展情况监测要求，如图 18-3 所示。

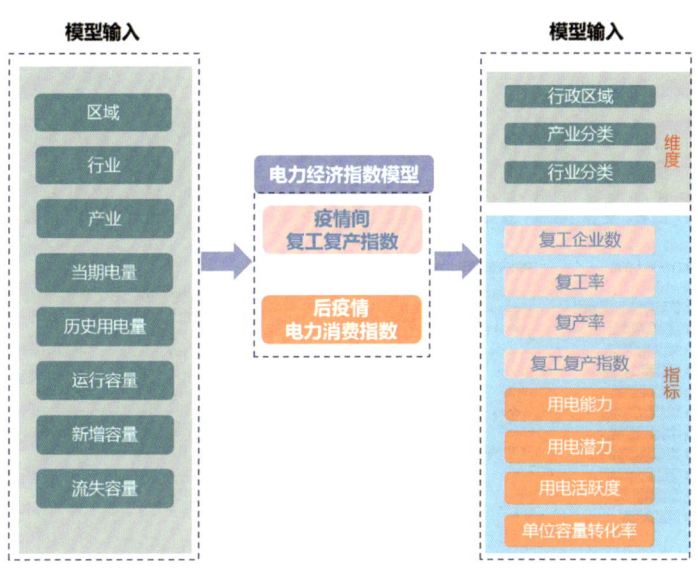

图 18-3　电力经济核心指数建模图

（1）疫情间：高频度的企业复工复产监测。针对疫情期间有序复工复产的现实要求，以复工率、复产率为监测重点，基于企业的用电量数据构建复工复产监测模型，按日频度完

成复工复产情况实时跟踪，同时以线上产品服务的形式，面向全市各委办局、各区政府开发服务，支撑我市复工复产信息的实时掌握。

（2）疫情后：超前的经济发展态势研判。持续深化电力数据与经济相关性研究，以电力数据预判经济发展情况为目标，基于企业的用电量数据、在运容量、净增容量等数据形成电力消费指数，按月度发布各区域、各产业、各行业电力消费指数，反映当前及未来经济发展态势，为相关政策制定提供理论依据。

2.2.3 应用——模型指数应用快速输出，服务政府精准施策

2.2.3.1 疫情期间"一区一行一指数"全景图谱

"一区一行一指数"全景图谱是在复工复产指数研究基础上进行设计开发形成的界面化数据产品，旨在提供一种即时响应、便捷灵活的复工复产信息查询功能，快速提供复工复产分析结果，支持疫情期间按日查看分析，如图18-4所示。

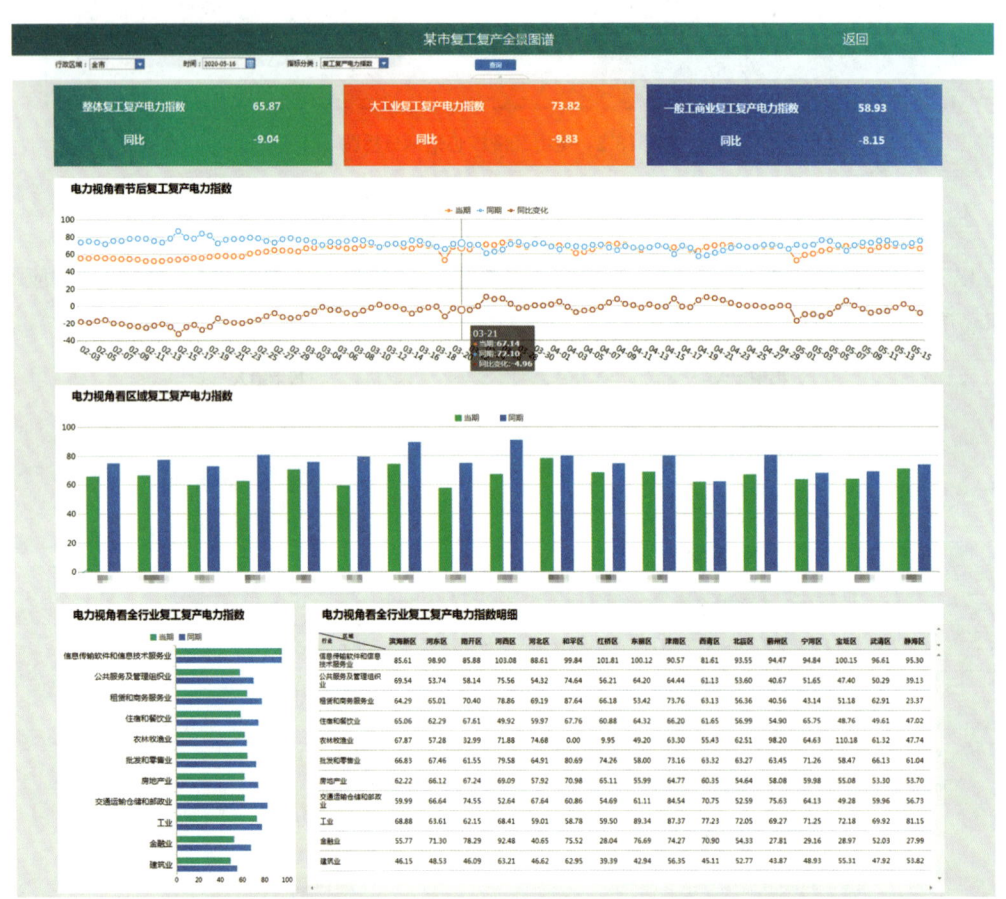

图18-4 "一区一行一指数"全景展示图

宏观上从区域、行业、用电类别等多维度反映复工复产情况，与同期纵向对比，从区域横向比较，对复工复产趋势按日监测，支撑政府疫情期间及时准确掌握经济基本面。

微观上对制造业、医药等多个重点行业和小微企业、规上企业等重点企业形成的"一行业一指数""一企业一指数"，展现不同行业、企业的生产情况，如图18-5所示。

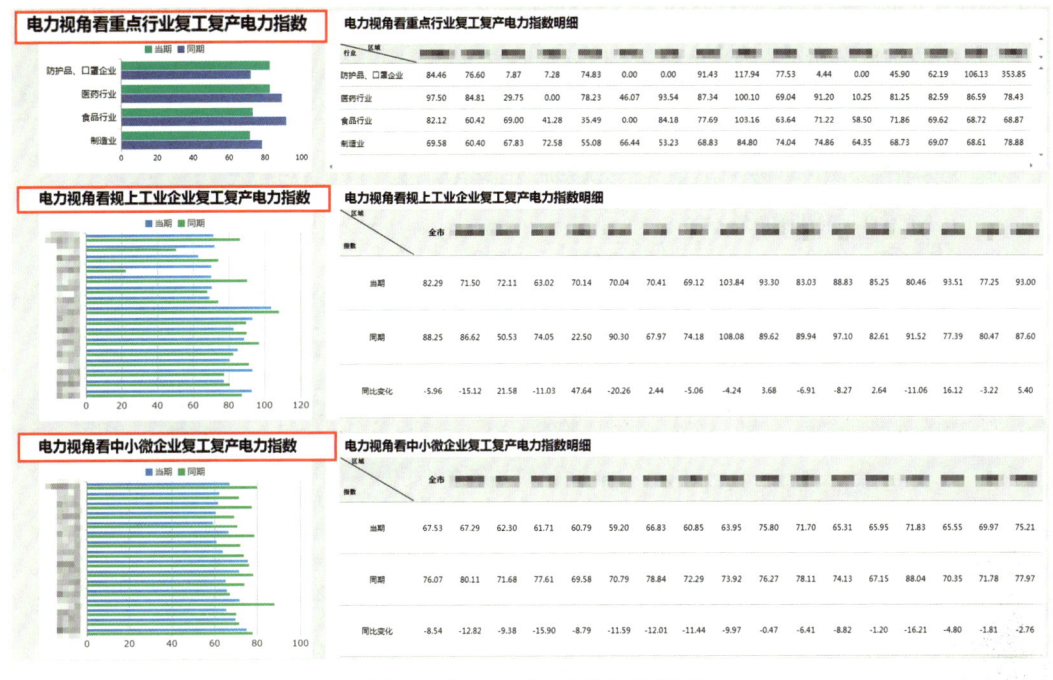

图18-5 "一区一行一指数"微观视角

2.2.3.2 后疫情时代电力消费指数分析

通过电力看全市发展、电力看产业发展、电力看行业发展以及电力看区域发展，从电力角度看经济运行情况。

（1）宏观经济分析。将历史电力数据与宏观经济数据相结合，分析两者的相关性，验证电力消费指数的科学性和合理性，分析电力消费指数的发展趋势，预测宏观经济走势，如图18-6所示。

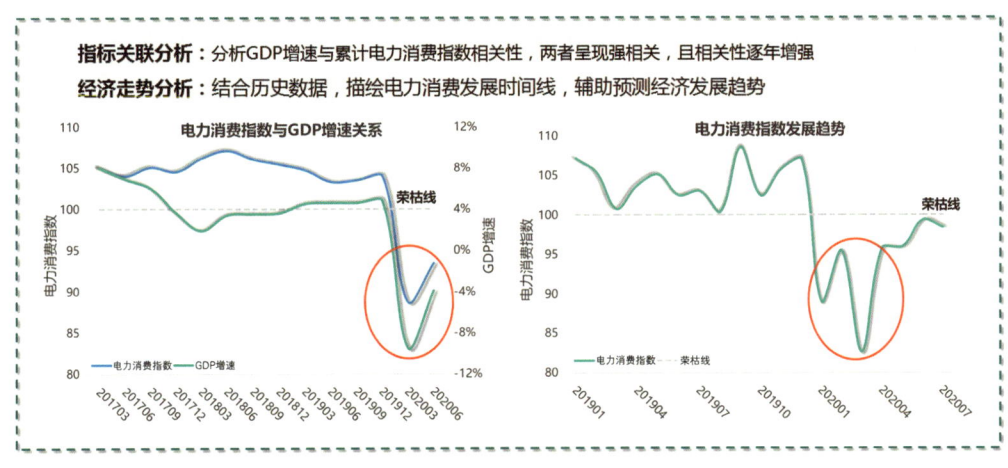

图18-6 "电力消费指数"宏观视角

(2)电力消费指数维度分析。提取模型输出结果中的维度及指标值,进行维度下钻分析,从天津市角度看受疫情影响较大的区域、产业、行业;同时支持维度交叉分析,从区域角度看区域内的产业、行业经济发展情况,辅助制定区域内的扶持产业、行业对应的扶持策略。电力消费指数维度分析如图18-7所示。

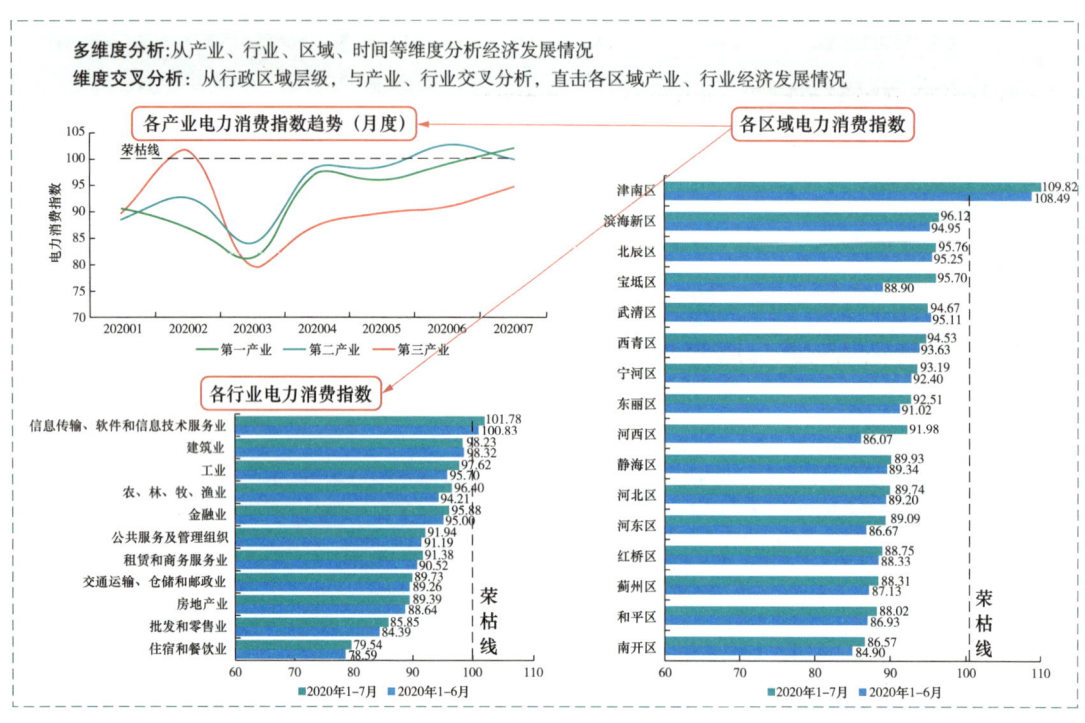

图 18-7　电力消费指数维度分析图

3 价值成效

电力经济指数透视经济发展辅助政府等机构及时掌握经济基本面,为政府宏观决策提供支撑。

3.1 全面实时准确展示复工复产信息,支撑政府疫情防控精准施策

利用电力数据实时、准确、到户的特性,实现了疫情期间企业复工复产的日频度监测,大大减轻了复工复产数据逐层人工汇总的工作压力,使政府相关单位部门可以投入更多人手到防疫一线,协助政府做好防疫及有序复工工作,辅助政府实时掌握经济基本面,为政府制定疫情防控和复工复产政策提供依据,相关工作得到了天津市领导的批示与肯定。

3.2 电力消费指数把脉经济运行,辅助政府研判经济"健康"趋势

通过电力消费指数深入挖掘分析电力数据背后的经济运行规律,诊断经济运行的"健康"问题,助力政府部门对疫情后时代区域经济和行业运行质量的科学研判和趋势预测,为应对各种经济复杂局面做好充分准备。

电力赋能智慧环保
助力打赢蓝天保卫战

1 案例背景

近年来，我国大气污染治理工作已取得显著成效，重点区域秋冬季重污染天气明显减少，但是，京津冀及周边地区，大气环境质量持续改善压力依然较大。在大气污染治理领域中，挥发性有机化合物(VOCs)是大气复合污染重要前体物和参与物，控制VOCs的排放被列为2020年环境治理的重要工作之一。但由于存在相关企业基数大、分布广、排放不规律等问题，对企业的稽查管控提出更高要求。

1.1 环保监管范围从点到面的需求

环保部门通常采用群众信访处理、突击检查、专项执法等点式监管方式进行环保监管，但由于人力物力的紧缺，难以实现对企业行为全时段、全覆盖监管。为完善监测监控体系，提高精准治理水平，急需采用更加科学、精准、有效的技术手段开展环保监管工作，全面加强排污企业综合治理，推进产业转型升级和经济高质量发展。

1.2 环境执法模式从事后到事前的需求

大数据作为第三次工业革命的重要产物，不仅开启了信息技术革命的新时代，而且开创了环保治理的新局面。受大数据的影响和改变，环境治理模式正从以前的事后查处、被动查处、集中查处，逐步转变为事前监管、主动监管、经常性监管。主动运用大数据技术手段，对涉及VOCs企业进行有效监测溯源与预警措施，实现环保执法"事前管"，对推进环境管理转型、提升环境治理能力现代化具有重要意义。

1.3 疫情下稽查成本降低的需求

在疫情影响下，众多企业，尤其是中小企业，均或多或少面临着项目进度滞后、现金流趋紧等问题，加装监测设备存在一定阻力。利用电力大数据开展排污企业生产运行"线上盯"，可基于原有的电能表数据实时远程监测，做到设备复用，有效减少环保监测设备新装成本，最大程度保障疫情期间环保治理工作的有序开展。

2 主要做法

2.1 解决思路

目标： 构建精准、可靠、实时监管的 VOCs 排放企业监测平台，辅助环保部门提升 VOCs 污染管控水平。

思路： 汇集 VOCs 排放企业用电数据，分析企业用电行为，建立预警违规模型，输出监测服务场景，构建精准、可靠、实时监管的 VOCs 排放企业监测平台，实现对企业生产规律的及时监测，强化对企业污染排放情况的精准管控，为环保执法提供依据。

VOCs 排放企业监测平台架构如图 19-1 所示。

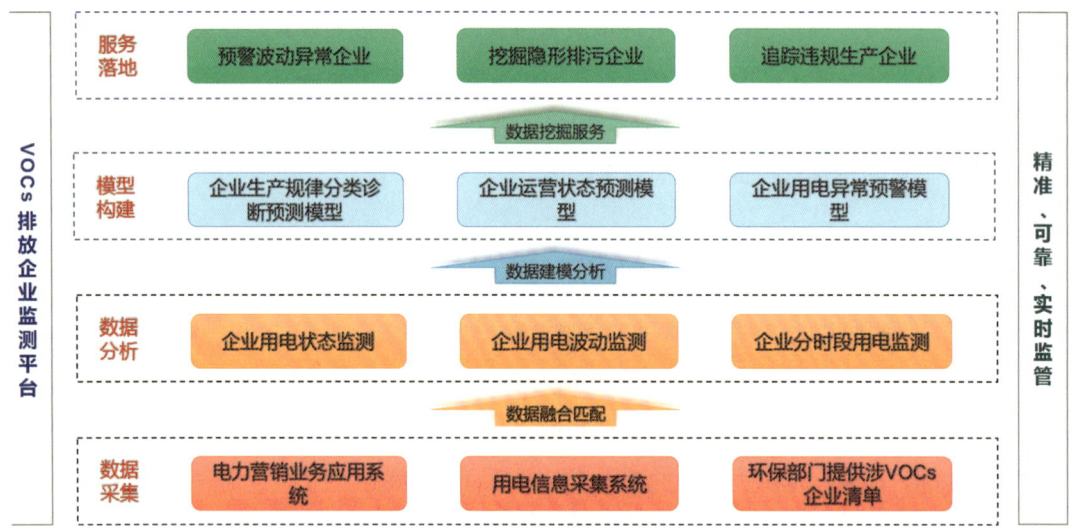

图 19-1 VOCs 排放企业监测平台架构图

2.2 解决过程

围绕 VOCs 治理难点，基于电力大数据构建 VOCs 排放企业监测平台，对企业用电行为进行监测、分析和预警，进一步提高环保部门监管水平。VOCs 排放企业监测平台核心功能如图 19-2 所示。

创新篇—电网企业数据应用最佳实践案例集

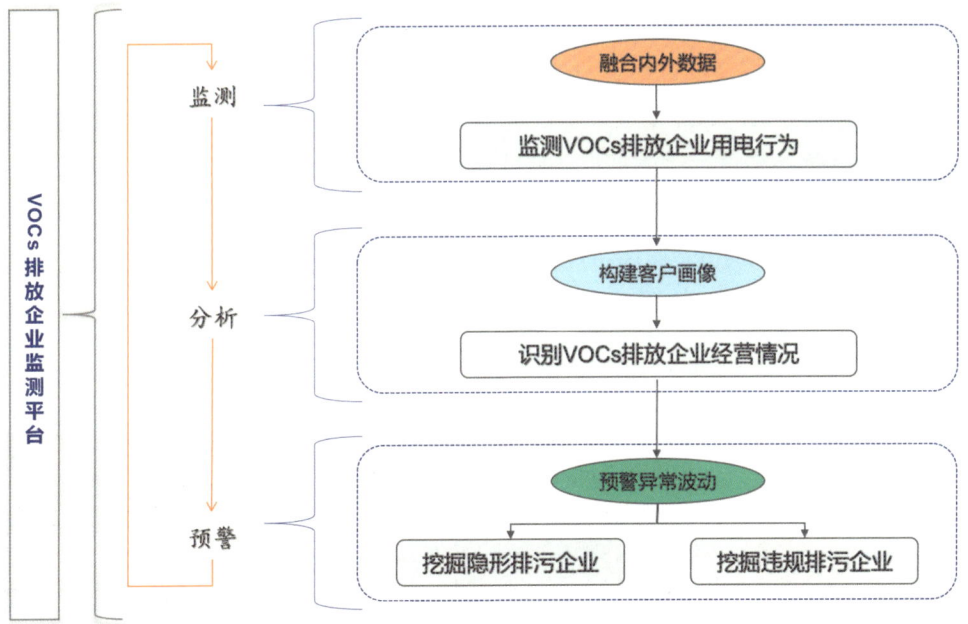

图 19-2　VOCs 排放企业监测平台核心功能图

2.2.1 融合内外数据，监测 VOCs 排放企业用电行为

聚焦环保部门关注的排污企业，将环境生态局提供的 3000 余家挥发性有机物（VOCs）污染企业清单与电力数据进行匹配，实现内外数据的融合。开展多维时序分析和用电聚类分析，统计排污企业分布情况，监测排污企业用电行为，快速定位 VOCs 排放企业经营现状和生产规律。

VOCs 排放企业用电行为监测如图 19-3 所示。

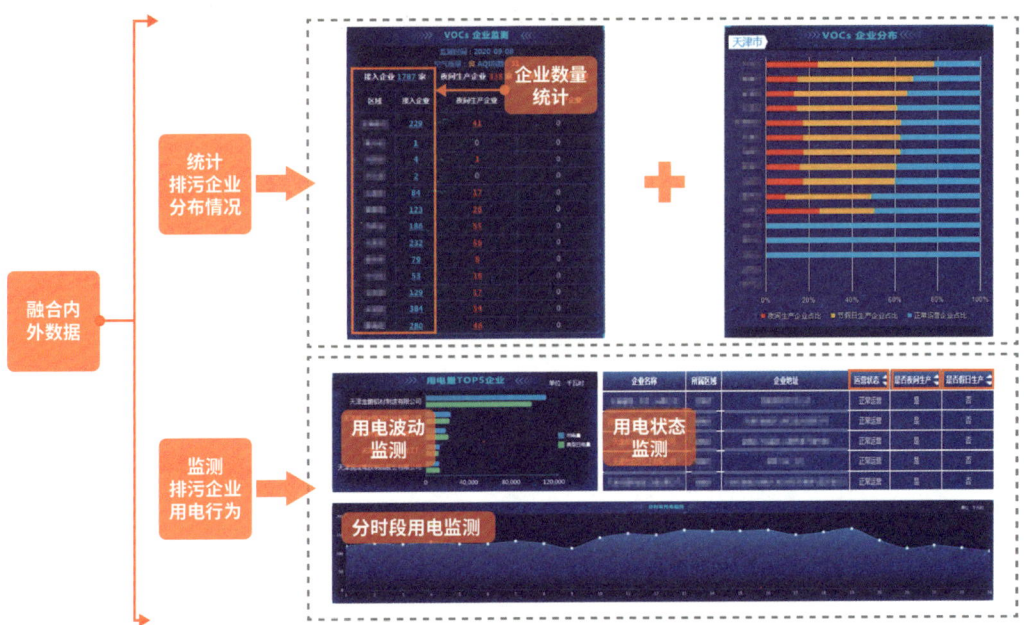

图 19-3　VOCs 排放企业用电行为监测图

2.2.2 构建客户画像，识别VOCs排放企业经营情况

平台对企业用电行为进行标签刻画，标记企业的生产经营情况；支持对单个企业的生产行为进行跟踪式分析，通过检索企业名称，即可展示该企业相关信息；对企业的夜间生产天数、电量压降等指标进行全面把控，持续监测VOCs排放企业经营情况。环保部门根据《"十三五"挥发性有机物污染防治工作方案》《天津市"十三五"挥发性有机物污染防治工作实施方案》的工作部署以及污染防控临时性政策要求，结合VOCs企业监测平台，实现对VOCs排放企业有效地监测溯源、辅助环保监测督察的闭环管理。VOCs排放企业经营情况监测如图19-4所示。

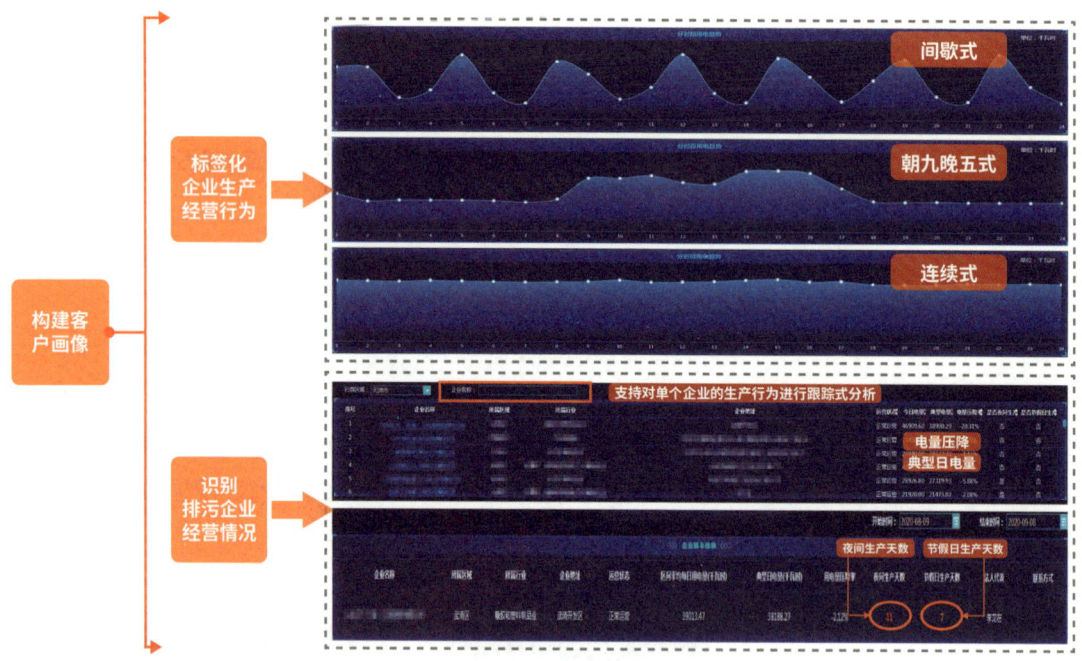

图19-4　VOCs排放企业经营情况监测图

2.2.3 预警异常波动，挖掘隐形、违规排污企业

平台支持一键定位政策执行异常企业，预警异常波动，辅助环保部门精准化识别环保政策落实不到位企业；支持分析相似行业、相似规模的企业生产运营情况，支撑大气污染物排放量的精准核算，辅助发现隐形排污、违规排污企业，支撑环保局丰富完善污染防控企业清单。

排污企业异常波动监测如图19-5所示。

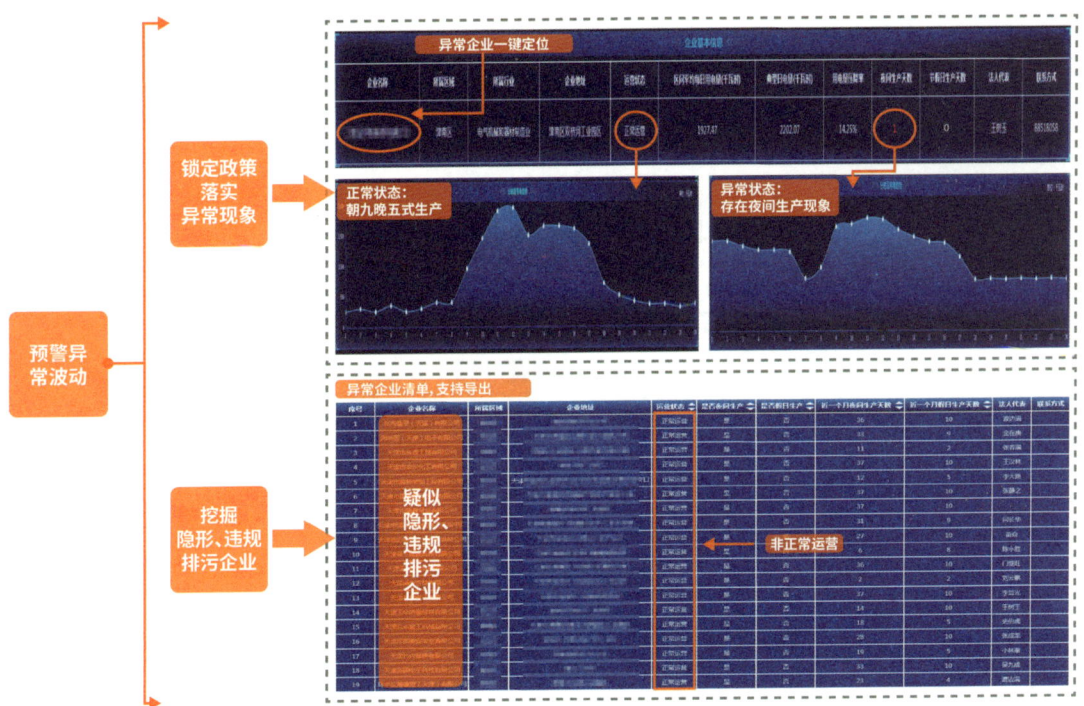

图 19-5 排污企业异常波动监测图

3 价值成效

VOCs 排放企业监测平台实现了对 VOCs 排放企业的精准溯源和有效管控,为有效改善全市空气质量提供有力的监测数据保障,从整改提质、效率提升上发挥了极大价值。

3.1 整改提质

通过 VOCs 排放企业监测平台,实现排污企业用电行为及生产经营状况的追踪,支撑环保部门对污染企业整改情况的监测,辅助提升污染防控水平。

3.2 效率提升

环保部门通过 VOCs 排放企业监测平台,定期对企业用电量进行监测、分析和预警,助力环保部门缩小现场排查范围,实现对企业生产排放情况精准管控,省时省力更高效。

基于电力大数据的住宅空置率应用分析研究

1 案例背景

"新基建"背景下,跨界多元融合发展成为新潮流,在"互联网+"的新业态下,行业的边界正不断被重新定义,跨界创新已成为趋势。运用与居民生活息息相关的用电信息,开展住宅空置率研究,是电力数据跨界创新应用的落地。通过电力大数据透视住宅空置率,可支撑政府合理进行住房规划建设,辅助开展人口普查及疫情防控工作,对城市发展及社区管理具有重要意义。

1.1 住房规划对空置数据信息的需求

住宅空置率是反映房地产市场供需状况的一个重要指标,也是城市发展规划的重要参考,但目前我国无官方机构定期发布空置率信息,只有部分非官方机构不定期发布,其统计周期较长、统计颗粒度较粗,无法充分发挥住房空置率对城市发展规划的指导作用。

1.2 人口普查对空置户排查的需求

传统的人口普查主要是工作人员逐户逐人进行调查登记,部分家庭由于外出等原因使得房屋空置,导致工作人员多次上门调查,耗费大量人力和时间,增加了调查的工作量及成本。2020年,国务院要求在第七次全国人口普查工作中,充分发挥大数据作用,应用大数据手段分析、预测居民生活规律,监测住宅空置户及空置时段,有效提高人口普查工作效率、降低普查成本。

1.3 疫情防控对人员流动跟踪的需求

全球新冠肺炎疫情暴发,使得疫情防控成为常态,街道、社区居委会需对居民的流动情况进行全盘掌握。目前,对居民的流动监测主要采取上门访问或电话沟通等方式,人员流动信息未能全覆盖,使得社区工作人员无法对居民进行精准跟踪管理。

2 主要做法

2.1 解决思路

目标： 基于用电量、用电时间、用电地址等数据，分析空置率变化及空置户集中地段，服务政府宏观调控，支撑人口普查，辅助社区疫情防控。

思路： 利用电力数据实时、准确、到户等特点，以服务政府、企业、居民为目标，融合电力用户档案数据、用电量、行政区域地理信息等内外部数据，构建住宅空置率监测、社区人口流动监测、疫情防控监测等场景，支撑政府、企业、社区服务等工作，助力社会民生发展。

住宅空置率分析模型逻辑如图 20-1 所示。

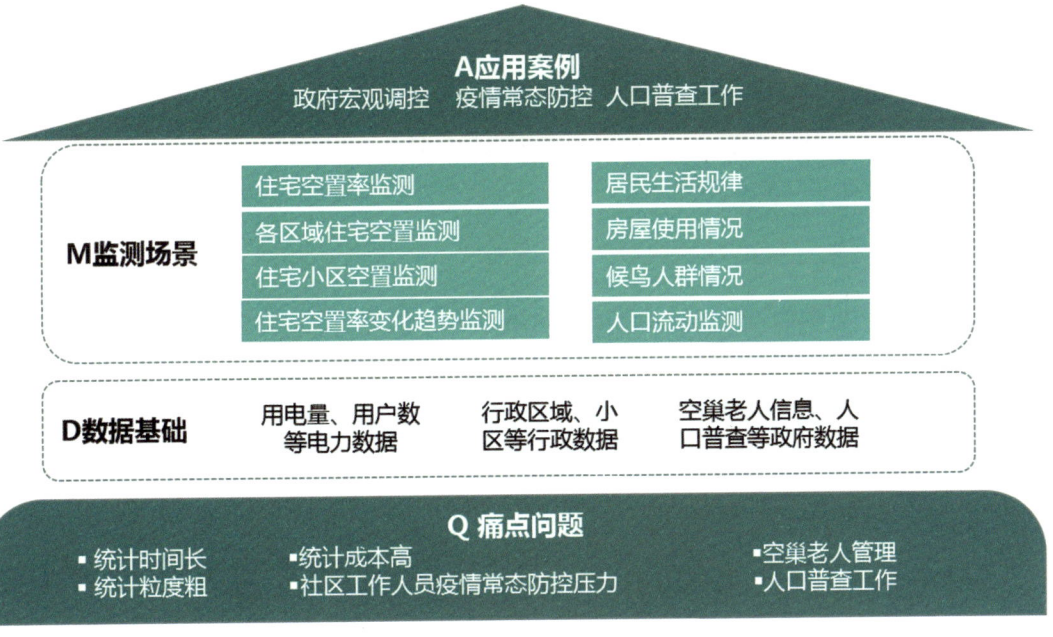

图 20-1　住宅空置率分析模型逻辑图

2.2 解决过程

2.2.1 挖掘——深度挖掘数据信息，激活数据应用价值

基于居民用电数据、用电属性等信息，运用聚类分析、关联分析、特征分析等方法，深挖电力数据与房屋空置的关系，从电力视角精准识别房屋空置情况、房屋空置时间、用户行为习惯等信息，提升电力数据增值服务。

电力大数据价值挖掘示意如图 20-2 所示。

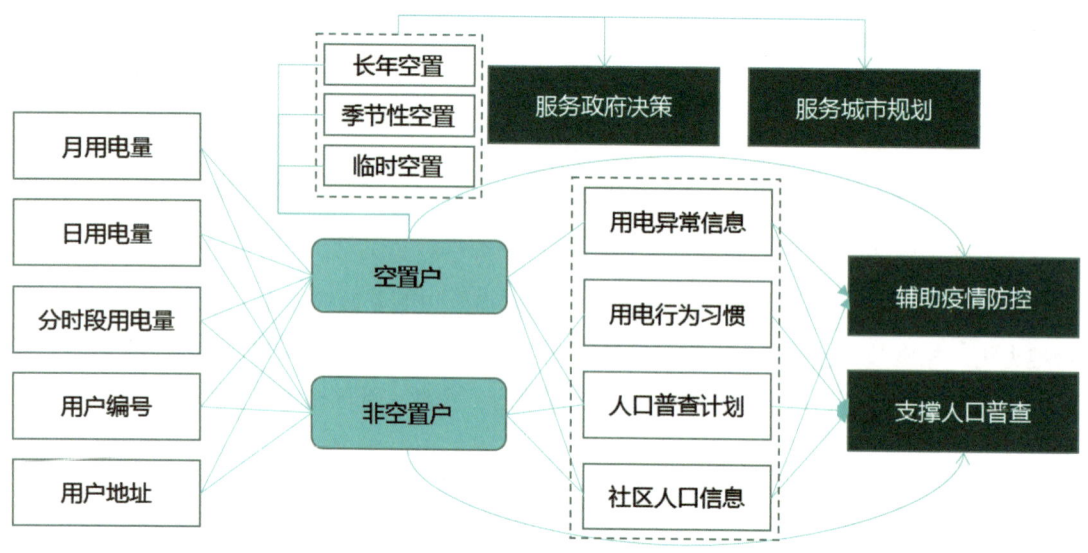

图 20-2 电力大数据价值挖掘示意图

2.2.2 建模——定义数据应用范围，构建数据分析模型

针对不同的应用场景需求，以居民户的用电量为核心指标，通过多维度下横向与纵向的综合分析，构建住房空置率模型、用户行为识别模型等数据模型。

2.2.2.1 住房空置率模型构建

依托用户历史用电习惯，以连续 6 个月用电量小于 10 千瓦·时为判定条件，构建空置户判定模型。该模型以月为频度，从全市整体、各区域、各社区的递进层级开展住房空置率监测。基于以上数据，可实现不同区域、不同时段住房空置率高频度的监测，掌握城镇户、农村户的住房空置状况与人口流动状态。

2.2.2.2 用户行为识别模型构建

基于电力系统用户的地址信息、用电信息、是否空置等信息，以小区为单位提取空置用户、非空置用户。一是基于电量变化超过一定阈值判定用户由空置转换为非空置的行为，分析人员流动，辅助疫情防控；二是对非空置户通过用电行为分析，识别用户生活规律，辅助人口普查。

2.2.3 监测——明确模型应用需求，搭建业务监测场景

2.2.3.1 住房空置率监测

以界面化形式直观展现住房空置率情况，监测信息涵盖整体空置监测、各区域空置比较、区域空置变化情况、重点小区空置监测、到户空置监测等，如图 20-3 所示。

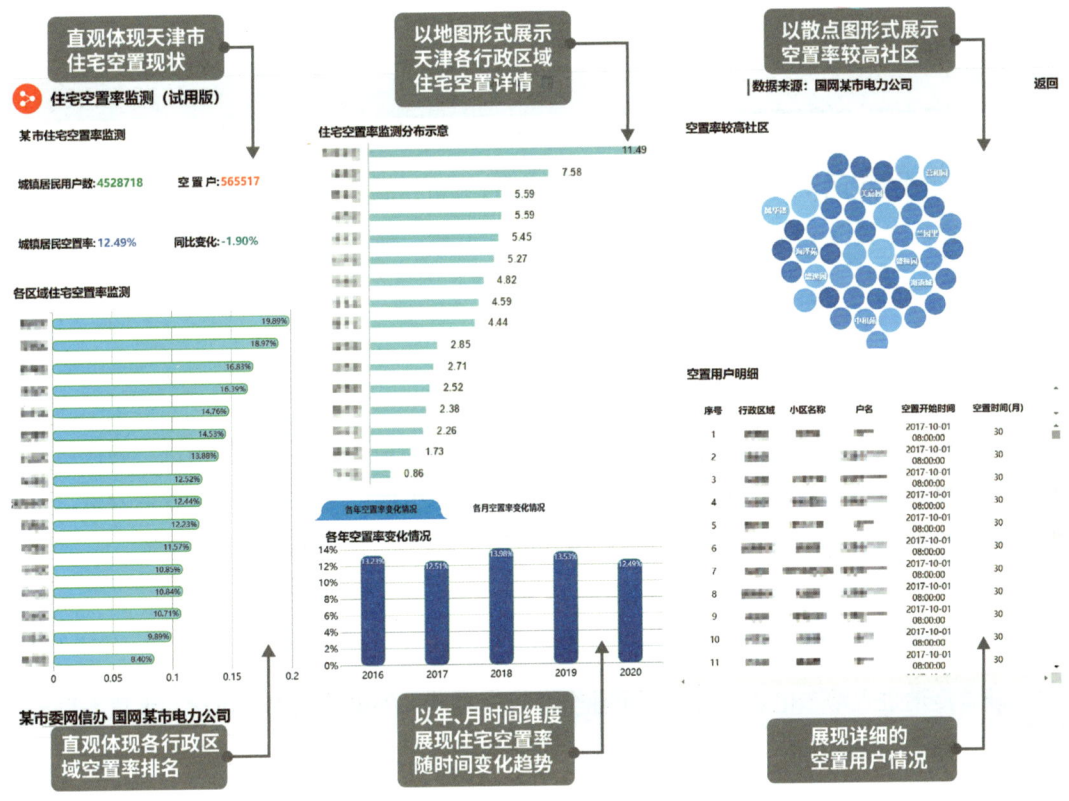

图 20-3 住宅空置率数据产品界面

2.2.3.2 社区防疫监测

采用大数据分析手段，日频度完成重点社区人群流动情况监测，监测信息涵盖常住用户识别、外出返回用户提醒、外出未返回用户提醒、长期空置用户识别等情况，如图 20-4 所示。

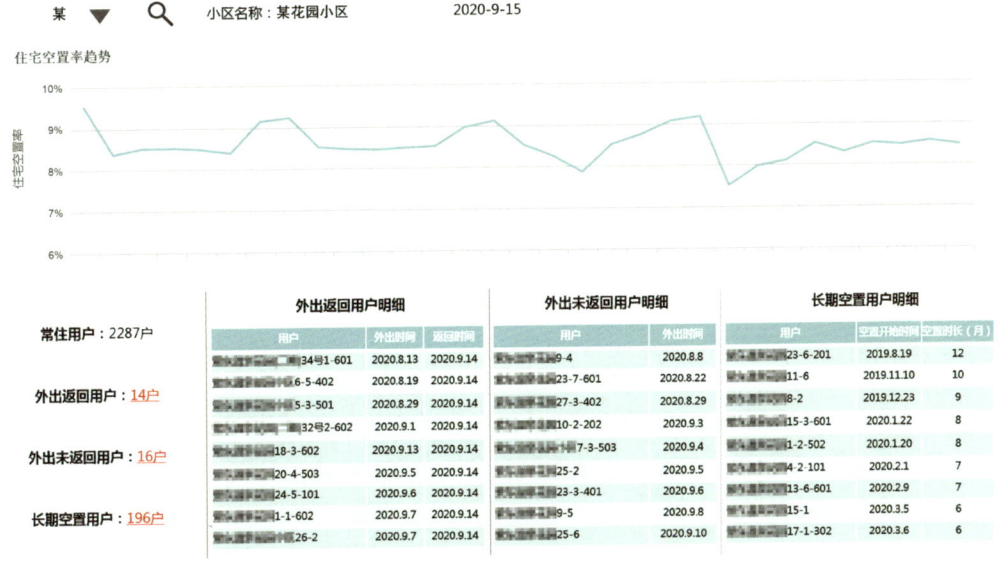

图 20-4 社区人员流动监测示意图

3 价值成效

3.1 服务政府宏观调控

从居民当月用能和连续半年用能两个维度进行分析,测算出以户为单位的居民住宅的空置情况,通过对城市重点区域进行分区画像和定位分析,辅助政府精确掌握回迁率、房屋空置率等信息。

3.2 支撑全市人口普查

通过电力大数据分析为普查人员提供房屋空置及使用情况、候鸟人群情况、居民居家情况预测等相关信息,精准锁定居民居家时段,并对居民用户日用电情况进行数据分析,分析预测居民生活规律,为入户人口普查提供基础数据支持,提高人口普查工作效率。

3.3 辅助社区疫情防控

随着疫情进入常态化防控阶段,企业全面复工复产,外出人员不断返津,大量人员流动使小区疫情防控难度加大。依托电力大数据精准到户特性,分析社区各户用电情况,全面支撑社区防疫工作,减轻社区一线工作人员压力,使疫情防控工作更加精准、高效。

电力大数据服务中小微企业信贷融资分析研究

1 案例背景

中小微企业作为国民经济的有机组成部分，是推动我国经济发展的重要力量，随着我国营商环境的不断改善，中小微企业总量规模不断扩大，在国民经济和社会发展中的作用日益凸显。近年来，党中央、国务院高度重视发展普惠金融，金融监管部门频繁发声、密集出台相关政策，引导金融机构支持实体经济，缓解小微企业融资困境，降低中小企业融资市场准入门槛，逐步放宽金融信用信息基础数据库接入条件。利用电力与企业生产运营的强相关性特点，电力数据可直观反映企业生产运营情况，对企业发展、金融监管部门及金融机构完善企业信用具有现实意义。

1.1 企业发展信贷能力需求

当前经济稳健发展，中小微企业数量庞大，贷款需求迫切。但是，中小微企业缺乏信用历史、可供担保的资产和规范的财务信息等，属于企业中的弱势群体，难以与大型企业享有平等获取经济资源的机会，贷款时需要自证生产经营状况，因此，中小微企业渴望资金支持却无法快速获取银行贷款，存在"贷款难"的问题，在一定程度上影响了企业的生存与发展。

1.2 金融风险多维监管需求

金融机构大多采用人工方式开展贷前准入、反欺诈验证、财务风险尽调等贷前调查工作，信用评估维度不够全面、深入，调查数据不够客观，工作效率难以高效满足融资需求，另外金融机构为降低资金风险，保障投资回报，需要贷后存量客户及时回款，但目前对贷中、贷后企业的管控主要是通过定期人工电话回访跟踪的方式，不能真正掌握企业的生产状况及还款能力，贷后管理质量普遍不高，流于形式，如何有效监测企业真实运营情况及按期还款能力成为一大难题。

1.3 信贷产品市场拓展需求

随着市场经济的不断开放，对银行金融业的业务发展冲击越来越大，金融机构需要持续扩大金融产品推广力度，以提高资金流转效率，产生更多的投资效益，但金融机构缺乏有效途径深度挖掘有贷款需求的潜力用户,通过电力数据透视企业生产经营情况,可为金融机构挖掘贷款潜力用户、拓展业务市场提供支撑和依据。

2 主要做法

2.1 解决思路

目标: 基于电费水平、缴费行为、用电规范、用电水平等数据,构建涵盖6大方面100余项指标的"电力+信用"评价体系,实现企业贷前—贷中—贷后全周期管理,支撑中小微企业信贷融资工作开展,服务银行金融机构风险管控。

思路: 以金融机构、企业需求为导向,基于电力数据及时、连续、客观、真实、与生产强相关等属性,从用电量变化趋势透视企业生产经营状况,并结合所属行业整体运营情况,构建贷前优质企业挖掘模型、贷中企业风险评估模型、贷后企业预警监测模型,建设企业信用评价及应用数据产品,开启电力数据向金融机构、用电客户延伸的企业信用数字化新业态,支撑中小微企业融资信贷与风险管控工作,助力优质企业快速发展。

基于电力大数据的企业信贷分析思路框架如图21-1所示。

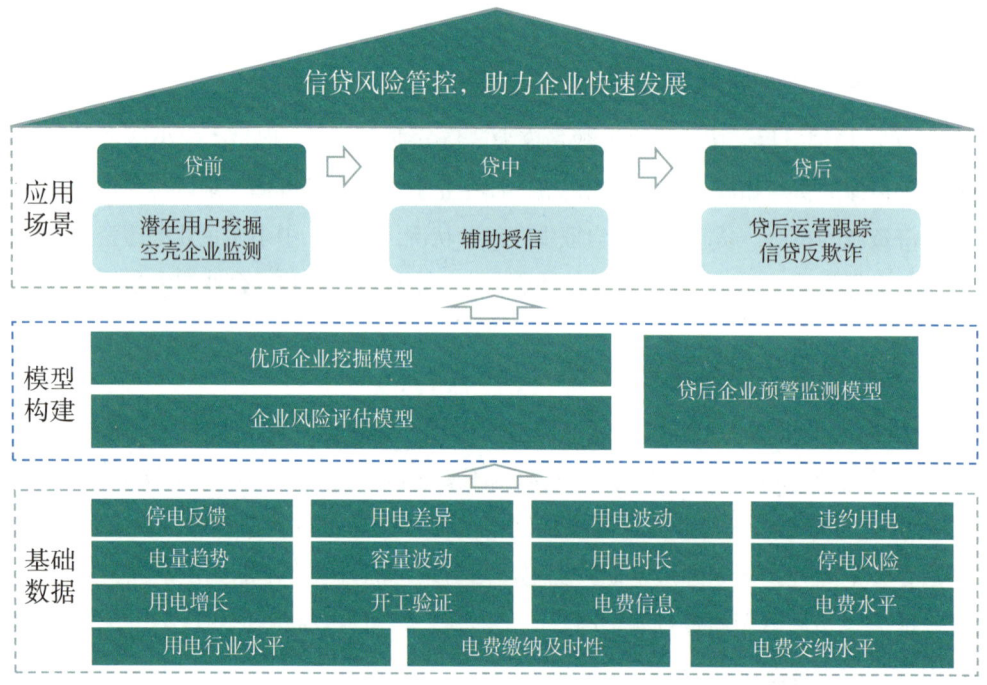

图 21-1 基于电力大数据的企业信贷分析思路框架图

2.2 解决过程

基于企业用电数据信息构建企业贷前、贷中、贷后分析场景,对企业的生产运营情况进行监控，同时加强与政府、企业等外部单位沟通，充分发挥"政产学研用"联合优势，助力产品落地，为企业发展、金融监管创造实用价值。

2.2.1 挖掘优质客户，辅助贷前市场营销

基于企业用电量、用电增长率、行业景气度、缴费时长、缴费逾期天数、违规用电次数、用电时长等电力大数据信息，构建潜力客户挖掘模型（见图21-2），协助政府、金融机构建立用电信用优良的企业名单，同时提供信用优良企业用电信息查询功能，向银行输送优质贷款潜在用户，辅助政府主动向成长性好、生产经营状况佳的企业提供政策支持，辅助金融机构拓展市场营销，为有贷款需求的优质企业提供融资服务。

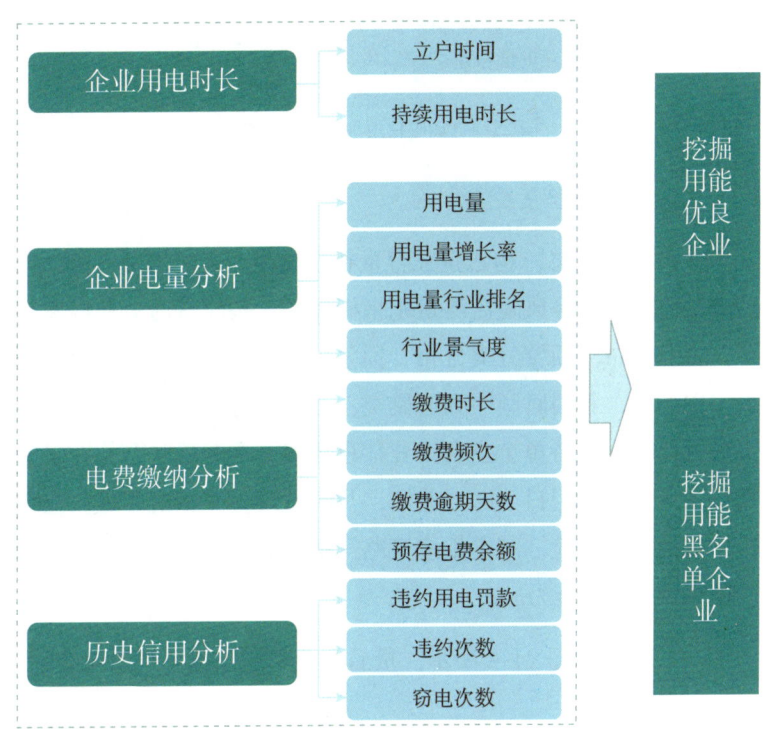

图21-2　潜力客户挖掘模型

2.2.2 量化用能信用，实现企业精准画像

利用电力数据实时、与生产强关联的特性，通过企业基础用电信息、用电量水平、电量波动、电量趋势、电费水平、违约用电等维度，构建多维信用评价体系，量化企业用电信用。在用电客户授权的前提下，实时归集用电客户用电量、缴费金额等数据，并依据用电信息为用户打标签，提取用户行为差异特征，对企业在电力领域的信用水平进行综合评估，实现企业生产经营状况的综合评价。此可直观反映企业生产经营状态，辅助完善企业信用评价体系，优化信贷风险防控模型，为银行贷中管理决策提供量化依据，辅助银行开展企业经营状况研判。贷中信用评价分析模型如图21-3所示。

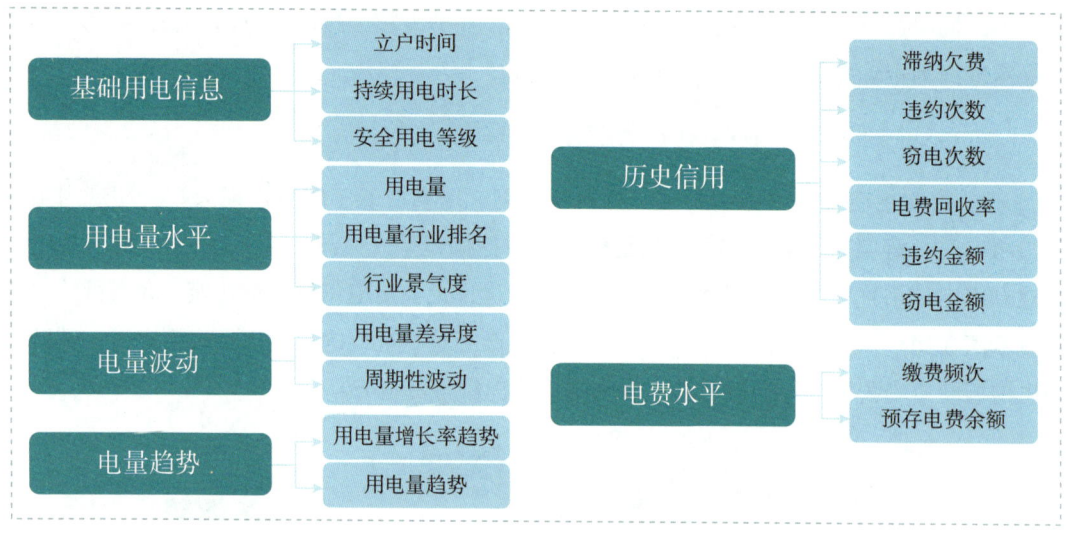

图 21-3　贷中信用评价分析模型

2.2.3 跟踪企业用能，预警贷后经营风险

通过持续采集企业用电信息，构建企业容量状态监测、用电水平监测、电费缴纳水平监测、违约用电监测、停电分析等风险监测量化指标体系，构建贷后企业经营状况模型，从预警企业区域分布、行业分布、预警分类分布、预警企业数量趋势、预警企业明细五大模块设计贷后风险预警应用场景，利用时间序列、聚类、回归等分析算法，对企业各项指标的时间序列及行业水平进行比较，支持单个贷后企业信息检索，客观反映企业在贷后产生的生产经营异动，实现贷后企业生产状况日（时）监测，及时发现生产状况不佳、信贷风险增加的企业，辅助金融机构提前掌握风险，制定相应策略，提前做出对应防范措施，为贷后管理决策提供数据依据，提高风险防范能力。

贷后风险预警分析模型如图 21-4 所示，贷后企业用能监测场景如图 21-5 所示。

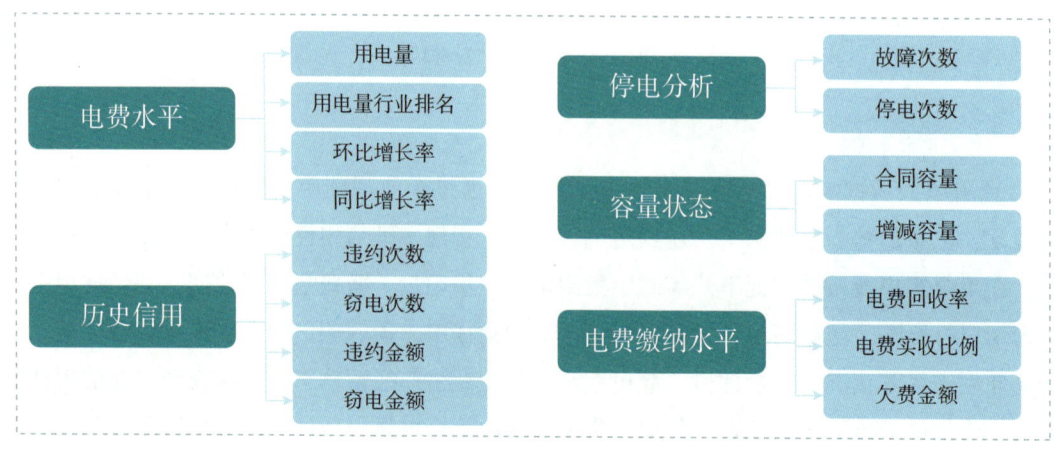

图 21-4　贷后风险预警分析模型

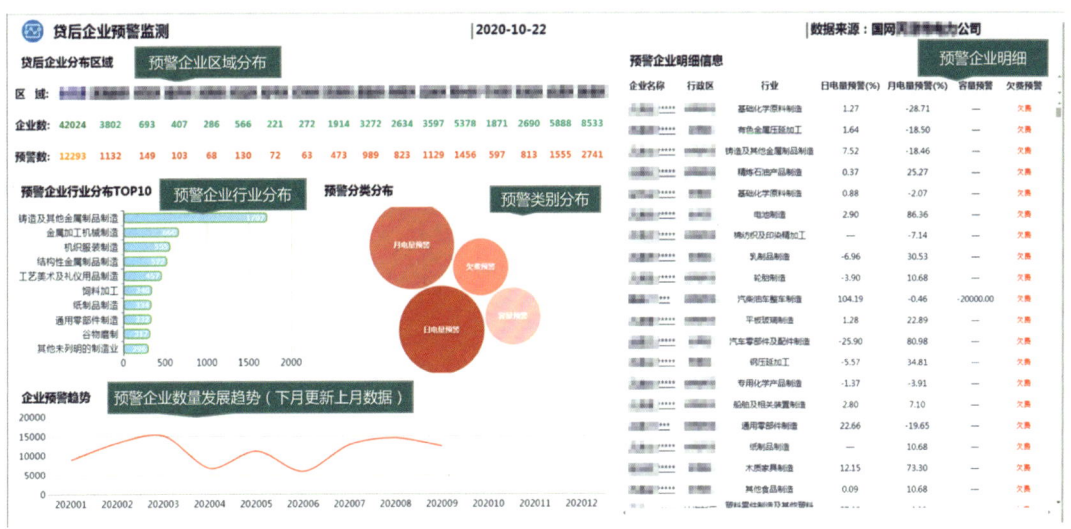

图 21-5　贷后企业用能监测场景

2.2.4 政企多方合作，实现产品在线推送

利用企业用电数据，积极对接政府、银行、中小微企业等机构需求，探索金融领域电力大数据应用，与政府联合开展"电力数据产品支撑中小微企业信贷"合作框架协议，组织企业开展用电信息查询应用授权，打通电力数据产品到银行金融机构的便利通道，打造政企信用评价生态圈，辅助中小微企业顺利贷款，支撑金融稳企作用充分发挥，助力国家经济快速健康发展。政企多方合作模式如图 21-6 所示。

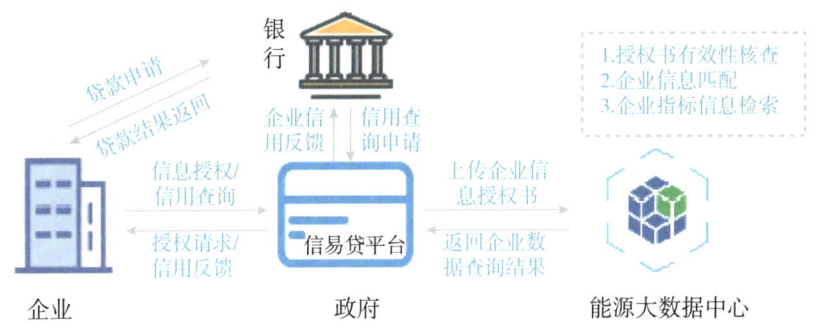

图 21-6　政企多方合作模式图

3　价值成效

电力数据时效性强、连续性好、完整性好、覆盖用户范围广，具有较强的客观性、真实性，在经济建设和社会发展中发挥着不可或缺的作用，被社会广泛认可。利用电力大数据分析预测企业用能消费和使用情况，可对用户实施精准画像，对提升电力数据在经济发展中的作用和地位、推进国家治理现代化具有重要意义。运用电力大数据辅助判断企业信用评价，

具有广阔前景和巨大的社会价值。

3.1 服务中小微企业信贷融资

通过对中小微企业用电量、容量等电力大数据的分析，可客观精准地反映企业生产经营状况，按需向金融机构提供客户状态评价，将客户运营状态进行量化，为企业信贷融资提供信息支撑，解决中小微企业贷款难、贷款贵等问题，为中小微企业获得更加公平的融资权力贡献数字化力量。

3.2 服务金融机构风险管控

通过对贷款企业日频度的监测，可及时发现生产经营状况异常的企业，为存量贷款客户监控及风险预警提供服务，对金融机构贷款企业管理难、监控成本高等问题，提供了实际解决思路。

3.3 服务政府部门精准决策

通过金融信贷行业对贷款需求企业客观量化监管，不断精简贷款流程，加快放款速度，为资质优良的中小微企业生存、发展、壮大及时提供资金支持，逐步营造更加公平、公正的营商大环境，助力政府客观开展经济决策部署，深化"放管服"管理工作。